SÉRIE *O QUE FAZER?*
VERGONHA

Blucher

SÉRIE *O QUE FAZER?*
VERGONHA

Marina Kon Bilenky

Coordenadoras da série
Luciana Saddi
Sonia Soicher Terepins
Susana Muszkat
Thais Blucher

Série *O que fazer? Vergonha*
© 2016 Marina Kon Bilenky
Luciana Saddi, Sonia Soicher Terepins, Susana Muszkat, Thais Blucher (coordenadoras)
1ª reimpressão – 2017
Editora Edgard Blücher Ltda.

Preparação de texto: Ricardo Duarte Marques, Bárbara Waida

Blucher

Rua Pedroso Alvarenga, 1245, 4º andar
04531-934 – São Paulo – SP – Brasil
Tel.: 55 11 3078-5366
contato@blucher.com.br
www.blucher.com.br

Segundo o Novo Acordo Ortográfico, conforme 5. ed. do *Vocabulário Ortográfico da Língua Portuguesa*, Academia Brasileira de Letras, março de 2009.

É proibida a reprodução total ou parcial por quaisquer meios sem autorização escrita da editora.

Todos os direitos reservados pela Editora Edgard Blücher Ltda.

FICHA CATALOGRÁFICA

Bilenky, Marina Kon
Vergonha / Marina Kon Bilenky. – São Paulo: Blucher, 2016.
136 p. – (O que fazer? / Luciana Saddi ... [et al.])

Bibliografia
ISBN 978-85-212-1090-0

1. Vergonha 2. Psicanálise I. Título II. Saddi, Luciana III. Série

16-0804   CDD-152.4

Índices para catálogo sistemático:
1. Vergonha

Conteúdo

A série *O que fazer?* Luciana Saddi   7
Apresentação Tati Bernardi   9
Prefácio Yudith Rosenbaum   11
Introdução   17
1. Vergonha   19
2. O que é a vergonha   23
3. Vergonha, timidez, introversão e fobia social   29
4. Proteção da dignidade   33
5. As origens e a vergonha: o mito de Adão e Eva   37
6. Um passeio pela filosofia   41
7. Atividade e passividade   47
8. O nascimento da vergonha na criança   49
9. A vergonha e a interação com o outro   51
10. "Vestir" o corpo: o pudor   57

11. Vergonha e sexualidade	65
12. A vergonha e a sexualidade na adolescência	71
13. A busca do ideal	75
14. A vergonha e o ideal	79
15. A face moral: vergonha e culpa	85
16. Culturas da vergonha e culturas da culpa	89
17. Uma palavra sobre a corrupção: a vergonha, a culpa e o sem-vergonha	93
18. Mundo contemporâneo: vergonha sem honra	97
19. A vergonha e o mundo virtual	103
20. A defesa contra a vergonha: o encobrimento	109
21. O que fazer?	117
Referências	125
Filmes recomendados	129
Livros recomendados	133

A série O *que fazer*?

A série O *que fazer?* nasceu de uma dupla necessidade: divulgar de forma coloquial e simples o conhecimento psicanalítico e científico, normalmente restrito à clínica particular, e auxiliar o público leigo a entender determinadas situações e buscar soluções para seus dramas cotidianos.

A psicanálise tem mais de cem anos de experiência em diferentes formas de atendimento. Ela é bastante reconhecida pelo sucesso dos resultados e por um conjunto sólido de reflexões a respeito das questões humanas. Acreditamos que temos muito a contribuir com a sociedade de modo geral. Esta série de livros é a prova do desenvolvimento e crescimento de nosso ofício.

Compartilhar dados confiáveis, fornecidos por um profissional capacitado, sobre problemas atuais nas áreas de saúde, educação e família é o nosso objetivo.

Afinal, quem não se sente perdido, sem saber o que fazer, em meio a tanta informação dispersa e disparatada nos mais tradicionais meios de comunicação e nas redes sociais? A série *O que fazer?* procura criar um guia, uma espécie de orientador científico – que ultrapasse a mera lista de informações –, possibilitando a compreensão ampla e profunda de determinada situação ou questão, pois acreditamos que compreender está a meio caminho de solucionar. Contudo, não se engane: estes não são livros de autoajuda, pois solucionar nem de longe é sinônimo de resolver e, muitas vezes, significa apenas aprender a conviver com o que pouco podemos modificar. Mesmo assim, é melhor percorrer um trajeto difícil se este estiver devidamente iluminado.

Luciana Saddi

Apresentação

O que fazer quando, ao mesmo tempo que queremos ser vistos, tememos ser vistos demais? De repente, vem o desejo de desaparecer, se isolar ou disfarçar e endurecer, como nos conta a psicanalista Marina Kon Bilenky.

Nunca entendi direito se o meu problema era medo, fobia ou ansiedade. Sinto algo que me paralisa, desnuda e atrapalha a vida... Mas o quê? Este livro fala sobre vergonha, mas em vários momentos, durante uma leitura tão prazerosa e esclarecedora, pensei em meus medos (timidez, timere, temer), fobias e ansiedades, o que me fez concluir que a vergonha está de mãos dadas (trêmulas, claro!) com todos eles.

Pensei em como o olhar do outro me incomoda por me transformar em um objeto. Pensei em como me preocupei, muitas vezes, mais com valores morais que com espontaneidade.

Pensei que a fobia social talvez fosse um excessivo interesse pela minha companhia. Pensei que meu pavor de lugares lotados também pudesse ser chamado de medo de não controlar o que cada um daqueles olhares está concluindo sobre mim. Pensei em como já dependi da aprovação do outro para sentir que eu estou viva e neste planeta.

Pensei em como a força de um desejo pode ser aterrorizante e dar vontade de sair correndo. Pensei em como é difícil conviver, todos os dias, com a minha realidade cheia de defeitos e, ao mesmo tempo, com aquele ideal que eu tenho de mim. Pensei também que, graças a alguns limites impostos para evitar um vexame, convivo e trabalho bem com tantas pessoas. Ainda bem que existe a contenção e que não somos apenas instintivos! Ou seja, este livro, no mínimo (e já é tanto!), lhe fará pensar bastante.

Eu deveria estar encabulada porque, ao apresentar este rigoroso trabalho, acabei escrevendo também sobre mim. É que é impossível não se reconhecer nestas páginas. Vivemos uma época estranhíssima na qual "só existe quem se exibe na internet" e a intimidade é sinal de fracasso social. Mas é claro que pagamos um preço psíquico bem alto por isso.

"Ao conhecer as forças que nos dominam, podemos modificar as condições em que vivemos." E não foi que eu descobri, graças ao maravilhoso trabalho da psicanalista Marina Kon Bilenky, que passei os últimos 37 anos mortinha de vergonha?

Tati Bernardi
Colunista do jornal *Folha de S.Paulo*,
escritora e roteirista

Prefácio

Eram três ou quatro moças bem moças e bem gentis
Com cabelos mui pretos pelas espáduas
E suas vergonhas tão altas e tão saradinhas
Que de nós muito bem olharmos
Não tínhamos nenhuma vergonha

"As meninas da gare", paródia de Oswald de Andrade, no livro *Pau-Brasil*, de 1925, à carta de Pero Vaz de Caminha

Este livro é sobre um dos sentimentos mais difíceis de definir e mais presentes em nossa vida do que gostaríamos. A vergonha não tem sexo, ideologia nem religião. Acomete a todos, sem distinção, excetuando bebês e crianças pequenas, que ainda não atinaram para o que se espera deles. Durante nossa vida, alguma dose de vergonha é inevitável. De um pequeno incômodo físico, vivido como defeito, ao jogo social mais complexo, que pode levar alguém a se matar, a vergonha talvez seja a nossa marca mais humana. Nenhuma outra espécie a manifesta e ninguém está isento de senti-la, variando apenas o grau e o modo como a enfrentamos.

Só isso já justificaria a leitura deste belo ensaio de Marina Kon Bilenky, mas a iniciativa ganhou uma amplitude maior. Na ausência de estudos que focalizem esse objeto esquivo e onipresente, o texto que o leitor tem em mãos é um guia valioso para o tema sem ser um manual; auxilia na compreensão e no manejo do problema enfocado sem ser um livro de autoajuda. Escrito com clareza e simplicidade, próprias de quem domina o assunto e quer sinceramente transmiti-lo de modo inteligível e agradável a um público amplo, Bilenky abre caminhos inesperados. O tema da vergonha, que pode parecer tão simplório ao senso comum, torna-se um operador poderoso para o conhecimento de si e da cultura, uma espécie de senha (ainda que sofrida) para reconhecer o mundo interno em interação com os outros.

Para abarcar a vergonha sem simplismos, a autora constrói uma estimulante rede de saberes que vai da psicanálise à antropologia, da literatura à filosofia, passando pela mitologia, pela sociologia, pelo cinema, pela música, pela política... Ao lado de conceitos e teorias, apresentados com rigor e pertinência, a psicanalista Bilenky relata situações cotidianas, bem como interessantes casos clínicos, com os quais aprendemos muito sobre as motivações e as vicissitudes da vergonha. É inevitável identificar-nos com várias das cenas descritas, seja pela proximidade de experiências comuns, seja pela humanidade que revelam.

Para a autora, a vergonha é "a guardiã de nossa dignidade e funciona como barreira de proteção contra a exposição da intimidade". Ao mesmo tempo, ser exposto ao olhar do outro "pode atingir tamanha proporção que o envergonhado encontra dificuldade em viver até as situações mais normais do dia a dia". Quem já não se sentiu assim em algum momento da vida?

"A vergonha é o que aparece quando os véus do pudor se rasgam", diz a autora, referindo-se aos conteúdos sexuais – mas não só – que habitam o sentimento da vergonha. Mas, afinal, quem define o que é passível ou não de nos envergonhar? A relação da vergonha com a cultura e com a história é tão gigantesca que ela "molda o comportamento humano", nas palavras de Bilenky. Para comentar a força dessa construção sócio-histórica, o leitor é apresentado, por exemplo, à proposição da antropóloga americana Ruth Benedict, que mapeia as chamadas *culturas da vergonha* (o exemplo é o Japão, regido pelo valor da honra) em oposição às *culturas da culpa*, próprias das sociedades individualistas ocidentais. Em cada uma delas, as consequências psíquicas de infringir os acordos são bem distintas: "Como a culpa é produto de uma ação, existe reparação, é possível consertar uma ação com outra que a anula ou corrige. A vergonha engloba o ser, a pessoa inteira, não há como consertar a imagem manchada", explica a autora. Assim, podemos compreender a solução extrema do ritual suicida do *haraquiri*. Quanta diversidade entre as civilizações para lidar com seus códigos moral e ético!

E a vergonha na sociedade contemporânea? Como ficam as esferas do público e do privado nas redes sociais da internet e nas condutas dos jovens em círculos da escola e da vizinhança? Todos nós conhecemos casos em que os indivíduos simplesmente param de frequentar seus grupos de referência, tomados pela vergonha diante deles, quando não desenvolvem defesas mais graves, como mostra Bilenky:

> *Também encontramos adolescentes que escondem e mascaram a vergonha. Eles se juntam e usam a força do grupo para desafiar tudo e todos, onipotentemente acreditando que não sentem nenhuma fragilidade. Outros a negam e a*

transformam em ódio, que descarregam sobre outro. Humilhando o outro, sentem-se livres da própria vergonha.

Como se vê, o tema é da maior importância para se pensar a vida comunitária e buscar alternativas saudáveis para a convivência social, cada vez mais exigente.

O livro ainda aborda a falta de vergonha em terrenos em que ela seria muito bem-vinda, como a esfera do poder público. A ausência de lei e a imoralidade no mundo político criam situações que envergonham o país inteiro, quando justamente faltam os sentimentos de vergonha e culpa aos que representam seus eleitores. Nesse capítulo, todos reconhecemos a história recente da política brasileira...

Mas a hipótese principal da autora, ancorada na psicanálise, é a de que a vergonha se apoia, acima de tudo, nos processos de idealização e é ativada "sempre que o sujeito se confronta com o sentimento de insuficiência diante do modelo que tem dentro de si". Em sociedades narcísicas como a nossa, regida pelo valor da imagem pessoal, a ligação com o ideal assume lugar central e pode destruir o sujeito que a ela se submete.

Saímos da leitura deste ensaio entendendo, entre tantas coisas, que a vergonha nos toma por inteiro, diz respeito ao nosso ser total, mais que muitas outras emoções. Em vez de pensar que falhamos em alguma coisa, sentimos que somos um fracasso completo. Daí a sua potência desestruturante, mas também mobilizadora de transformação. Por isso, diz Bilenky, é melhor saber conviver com a vergonha, rir dela de vez em quando, enfrentá-la em vez de nos escondermos dela.

Viver a vergonha, sem vergonha de ter vergonha, talvez seja um bom caminho. Entrar em contato com o que a vergonha tem a nos revelar pode ser um jeito de amenizar seus efeitos e usufruir mais da vida. A leitura deste livro, sem dúvida, é um ótimo começo.

Yudith Rosenbaum
Professora de Literatura Brasileira na
Universidade de São Paulo (USP) e pesquisadora da
interface da literatura com a psicanálise

Introdução

Quem nunca sentiu vergonha na vida? Com intensidade que varia desde o mais leve rubor até um forte sentimento de vexame, a experiência da vergonha é a vivência de uma emoção que pode ser profunda, dolorosa e universal, com efeitos duradouros.

Se, por um lado, ela é a guardiã de nossa dignidade e funciona como barreira de proteção contra a exposição da intimidade, por outro, a vergonha pode atingir tamanha proporção que o envergonhado encontra dificuldade em viver até as situações mais normais do dia a dia.

É surpreendente perceber o quanto a vergonha está presente em nosso cotidiano e a frequência com a qual é mencionada. Nem sempre óbvia, ela está por aí. Basta um olhar atento e a encontramos em suas muitas máscaras e disfarces, em falas, gestos, olhares fugidios e rostos avermelhados. Os esconderijos são vários: ela pode aparecer na forma de uma expressão fria e dura, na arrogância de alguns, no comportamento extremamente solícito e submisso de outros, nas desesperadas tentativas de agradar ou de passar despercebido.

Sentimento eminentemente humano e universal, a vergonha tem muito a nos ensinar sobre nós mesmos e nosso mundo.

Neste livro, você encontrará reflexões sobre as condições para o aparecimento da vergonha, como ela se manifesta e como nos defendemos desse sentimento que pode ser muito penoso e difícil de controlar. Entrar em contato com a vergonha, conhecê-la e entendê-la é uma maneira eficiente de criar ferramentas para lidar com ela.

A vergonha será abordada a partir de diferentes perspectivas, com exemplos e histórias que dão vida às ideias desenvolvidas no livro. Os casos e as vinhetas apresentados são modelos e não correspondem a uma pessoa específica, mas consistem em uma combinação de traços pessoais, características e histórias com as quais me deparei ao longo da minha jornada profissional e pessoal.

Discutirei os aspectos sociais da vergonha e a sua vinculação à cultura, que determina as formas e os conteúdos da vergonha nas diferentes civilizações e épocas da história. Mostrarei como a força desse sentimento molda o comportamento humano. Quando percebemos as conexões culturais da vergonha e a sua relação com os ideais que nos norteiam, podemos questionar determinados conteúdos. Muitos valores e regras que seguimos parecem ser naturais e absolutos, mas são consequências de injunções sociais. Levar em conta o contexto dessas prerrogativas nos permite tomar certa distância e questionar nossas "verdades". Refletir sobre isso pode nos ajudar a repensar nossos valores e ajustá-los à nossa real condição como ser no mundo.

Em vez de nos deixarmos dominar pela vergonha, que tal enfrentá-la? É enfrentando e vivenciando a vergonha que podemos nos fortalecer e criar recursos para lidar com ela sem nos paralisarmos. Ao conhecer as forças que nos dominam, podemos modificar as condições em que vivemos.

1. Vergonha

"*Quem é Ana de Almeida?*" *Paulo, menino de 8 anos, congela diante da pergunta. Depois de dois segundos, sente o rosto pegar fogo, começa a suar e tremer, gostaria de estar longe dali. Engole seco, encontra forças para se controlar e responde: "É minha madrasta". Paulo está furioso com seu pai: "Você precisava mandar autorização para ela me buscar?" É a segunda vez que o pai faz isso.*

O menino ainda está se ambientando à escola nova: nem todos sabem que ele é órfão de mãe e nem precisam saber. Faz quatro anos que tudo aconteceu, mas, para Paulo, esse assunto é muito delicado e envolve questões com as quais ele tem muita dificuldade de lidar. Só o fato de ficar exposto e em evidência diante de toda a classe já é constrangedor, e sua situação piora ainda mais por ser visto como o menino que perdeu a mãe e que tem madrasta. No final das contas, ele não quer que Ana o busque na escola, nem que ela exista. E não porque ela não seja legal – ela gosta muito de Paulo e o trata com carinho. Mas a mera existência de Ana revela a ausência de sua mãe e o obriga a lidar com aspectos de sua vida que são muito difíceis. Mais que a dor da perda, o que eclode na hora de responder à pergunta da professora é a vergonha de ser diferente, a revelação pública de algo que, por Paulo, é sentido como uma falha, exposição que afeta diretamente o que tem de mais íntimo, de maneira intensa e global.

Ele sente vergonha porque, para ele, ser órfão e ter madrasta é como ter um defeito, que se relaciona à sua imagem e ao fato de ele aparecer diante de seus colegas de um modo que ele não gostaria de ser visto, pois não se ajusta ao ideal que carrega dentro de si. Em face dessa situação, ele se sente impotente e sem controle, e o sentimento de estar exposto provoca uma violência que oculta dentro de si: a raiva de ter de suportar os olhares de todos e o medo de despertar pena e se sentir rebaixado, sem nada que ele possa fazer. Surpreendido pela exposição involuntária, a única defesa que Paulo encontrou foi disfarçar, não demonstrar o sofrimento, para não ficar ainda mais exposto.

A reação de Paulo é esconder a emoção, fazer "cara de paisagem", o que demanda um grande esforço. É difícil fingir que nada aconteceu e o atingiu quando ele está vivendo uma revolução em seus sentimentos por baixo daquela fachada. Para conseguir disfarçar é preciso endurecer, e isso dificulta entrar em contato e lidar com todos os problemas que estão em jogo.

Paulo fica tomado pela revolta e não quer mais saber de nada. Ao ser invadido pela vergonha, reage imediatamente com o impulso de ocultar todo o sentimento que transbordou naquele instante. Porém, essa reação quase instintiva de se retrair e se retirar de cena pode ter consequências, pois impede o contato com os sentimentos, o que bloqueia o processo de pensar. Esse contato é importante porque permite pensar e processar as emoções intensas e, então, criar mais recursos para enfrentar situações desse tipo sem precisar sofrer e se defender tanto. A reflexão sobre as vivências e sobre os nossos próprios sentimentos é a condição necessária para aprendermos a lidar com mais desenvoltura com as surpresas a que a vida nos expõe a cada dia.

A reação de Paulo impede que ele entre em contato com os sentimentos que foram despertados e com a sua realidade, o que dificulta o processo de dar significado, pensar e elaborar toda a vivência da situação pela qual está passando. Em casos mais graves, quando a vergonha é tão intensa que bloqueia qualquer possibilidade de resposta, o impacto pode produzir novos pequenos traumatismos e causar mais transtornos e dificuldades na vida.

A vergonha é um sentimento que pode ser muito doloroso e que afeta a pessoa de modo global. Ela aparece no momento em que nos percebemos sendo vistos pelo outro, expostos e vulneráveis à sua avaliação crítica. Nesse estado, nos sentimos sem fronteiras e transparentes. Paulo cria uma armadura para proteger o espaço de privacidade que parece ter sido rompido, e a vontade enorme de sumir vem porque seria o jeito mais fácil de se proteger da sensação de ser atravessado por um olhar que parece enxergar tudo o que lhe vai por dentro.

Paulo foi pego de surpresa: impotente e envergonhado, fez o que pôde. Como não dava para desaparecer, disfarçou e endureceu. Porém, diferentemente dessa, há ocasiões em que podemos prever que sentiremos vergonha, o que nos proporciona uma chance de pensar o que fazer. Algumas pessoas enfrentam esse tipo de situação e aprendem a desenvolver habilidades para lidar com suas emoções. Isso as fortalece, pois conseguem criar recursos que as ajudam a enfrentar os momentos de exposição. Outras não toleram esse sentimento e buscam o isolamento, o que pode resultar em importantes limitações em suas vidas, além de dificultar o estabelecimento e a manutenção das relações sociais. Entre um extremo e outro, cada qual vai fazendo o que pode para lidar com a vergonha quando ela aparece no caminho.

2. O que é a vergonha

A palavra *vergonha* deriva do latim *verecundia*, que tem sua raiz na palavra *revereri*, que significa *reverenciar*. *Revereri*,[1] por sua vez, é a conjunção das palavras *re* e *vereri*, que significam, respectivamente, *para trás/de novo* e *respeitar*. Na origem da palavra, já encontramos ideias essenciais para o nosso entendimento da vergonha. É uma emoção que diz respeito à relação entre dois ou mais sujeitos, um que se afasta respeitosamente e, com modéstia, reverencia o outro pelo qual tem consideração. Quanto mais respeitamos esse outro, mais intensa é a vergonha sentida.

Ser *verecundus* é sentir ou ter a disposição de sentir *vereri*: circunspecção e desejo de evitar chamar a atenção sobre si de maneira imprópria. Sentir *verecundia* é ter uma séria preocupação a respeito da própria capacidade de gerir apropriadamente uma relação interpessoal. É uma espécie de autoconsciência temerosa. No inglês, *shame* vem do antigo alto-alemão *sceme*, que significa *cobrir* ou *mascarar*.

---

1 Origem da palavra. Disponível em: <http://origemdapalavra.com.br/site/>. Acesso em: 25 fev. 2016.

A vergonha é uma das emoções humanas socialmente mais sofisticadas. Ela requer a capacidade para a autoconsciência, que não está presente na maioria dos animais nem em crianças muito pequenas.

As emoções são reações fisiológicas herdadas ao longo da evolução da espécie que, entre outras funções, preparam o organismo para responder frente a determinadas situações do ambiente. Existem as emoções primárias, como o medo, a tristeza, a raiva, o nojo, a surpresa e a alegria, presentes nos seres humanos e também em diversas espécies de animais, cuja manifestação independe da cultura. As emoções secundárias ou sociais, por sua vez, embora herdadas biologicamente, são ativadas e expressas de modo diferente dependendo da cultura em que o indivíduo está inserido. Essa classe de emoções, para ser sentida, é condicionada ao fato de que o indivíduo tenha consciência de si, e nela encontramos, além da vergonha, a inveja, o ciúme, a empatia, o embaraço, o orgulho e a culpa.

O termo *emoção* é usado para designar o conjunto de reações que apresentamos diante das diferentes situações a que somos expostos, sendo que muitas dessas reações podem ser publicamente observáveis. *Sentimento* é a experiência mental privada de uma emoção.[2]

Na camada mais primitiva, a vergonha está relacionada a reações instintivas como congelar de medo, corar e evitar olhar o outro nos olhos. Essas respostas não verbais, imediatamente, mandam uma mensagem que comunica *status* social inferior e parecem ter uma origem antiga na evolução das espécies. Elas comunicam que o indivíduo não é uma ameaça e ajudam a evitar o confronto direto. Dessa maneira, têm importante função para a preservação da espécie e para a manutenção da coesão grupal. Este

---

2 DAMÁSIO, 2000, p. 64.

tipo de reação é encontrado entre algumas espécies de animais, como os macacos.[3]

No entanto, somente os homens constroem sobre essa resposta primária camadas de pensamento, regras sociais e sentimentos complexos, que caracterizam a vergonha como eminentemente humana, assim como é tratada pelas ciências do pensamento.

Para sentir vergonha, é necessário que haja uma reflexão sobre si mesmo e sobre o outro simultaneamente. Ao mesmo tempo que vive a situação e se percebe nela, o sujeito precisa avaliar sua posição subjetiva diante do outro para poder sentir esse sentimento. Esse movimento complexo implica a capacidade de auto-observação e também a possibilidade de se imaginar na pele do outro, para de alguma maneira prever (correta ou incorretamente) a imagem que projeta no outro. Nesse sentido, a vergonha é um sentimento que aparece a partir de certo momento do desenvolvimento humano, quando a criança se torna capaz de atender a essas condições.

Um sentimento vivo de vergonha vem acompanhado do forte desejo de ocultá-lo: por isso tentamos esconder o rosto, desviamos o olhar, baixamos os olhos ou olhamos de lado. Os próprios sinais da vergonha já são a revelação de uma intimidade que o envergonhado não gostaria de deixar transparecer, de sua fragilidade e sua vulnerabilidade e da submissão e da dependência em relação ao olhar do outro. Por esse motivo, dá vergonha sentir vergonha e, com isso, ficar duplamente exposto.

---

3   SCHNEIER; WELKOWITZ, 1996.

A vergonha pode ser sentida quando, simplesmente, nos percebemos expostos ao olhar do outro. Denominamos esse tipo de *vergonha de exposição*. É comum enrubescermos quando nos sentimos observados. Ser olhado é se perceber como objeto para o outro, o que coloca o sujeito em uma situação de vulnerabilidade e também, em certa medida, de inferioridade. A vergonha traz consigo uma ideia de valor e pode associar-se a qualquer aspecto importante para a vida de quem a sente. Seus conteúdos variam de acordo com os valores que a pessoa associa à sua identidade. Por exemplo, se considero importante ser magro, sentirei vergonha quando engordar alguns quilos; se dou valor a tirar boas notas, me envergonho quando vou mal numa prova.

A vergonha também tem uma face moral[4] e, nesse caso, ela aparece um pouco mais tarde no desenvolvimento da criança, pois depende da interiorização de normas e valores sociais ligados à moralidade. Ela é essencial ao agir humano, pois regula os comportamentos no sentido de que sejam orientados pelos valores morais presentes naquele determinado meio cultural. A ideia de vir a sentir vergonha funciona como um alerta para que não se cometa alguma ação que viole as regras sociais.

As expressões *sem-vergonha* ou *não ter vergonha na cara*, presentes em diferentes idiomas, são frequentemente utilizadas na linguagem comum e se referem à vergonha no seu aspecto moral. Elas falam de seu lado negativo: não ter vergonha denota a ausência de valor moral na conduta. Por outro lado, *ter vergonha na cara* apresenta um aspecto positivo, e a expressão é utilizada quando queremos nos referir a uma pessoa que age de acordo com os valores morais, que não tem nada a esconder.

---

4 LA TAILLE, 2002.

Sentir vergonha não depende apenas do julgamento do outro, mas do julgar-se a si próprio – depende de um autojuízo. Por essa razão, é possível sentir vergonha sozinho, sem testemunhas, somente antecipando o julgamento ou imaginando ser alvo da observação de alguém.

Darwin[5] afirmava que o ato de ruborizar, característico da vergonha, é a expressão de sentimento mais peculiar do homem, que não se encontra nos animais. O rubor está intimamente ligado à vergonha: uma pessoa que cometeu algum delito moral e está solitariamente refletindo sobre o crime cometido não ruboriza pelo fato de se sentir culpada, mas por pensar nessa falta sendo revelada para outros. A intensidade do rubor dependerá diretamente do quanto ela considera aqueles que descobriram, testemunharam ou suspeitaram de sua falta.

---

5 DARWIN, 2009, p. 293.

3. Vergonha, timidez, introversão e fobia social

A timidez, a introversão e a fobia social são categorias que designam diferentes formas de ser e agir no mundo, em que a quantidade e a qualidade das interações sociais são limitadas. Vale fazer uma breve distinção entre esses conceitos, uma vez que podem ser confundidos e, algumas vezes, misturados com a vergonha propriamente dita. A vergonha é uma emoção universal, que se manifesta em todos os seres humanos, independentemente de suas características de personalidade. Ela costuma estar presente na timidez e na fobia social e, em menor grau, na introversão. O fato de sentirmos vergonha não significa que nos encaixamos em alguma dessas definições.

Timidez é uma característica da personalidade que diz respeito ao desconforto que se sente em situações de interação social. A palavra *timidez* vem do latim *timere*, que significa *ter medo*. O tímido é alguém que tem medo: teme ser criticado em público, não atingir as expectativas dos outros, ser mal interpretado. Embora a maioria das pessoas sinta-se desconfortável após cometer uma gafe social, os tímidos sentem essa aflição com antecedência, o que os inibe e tira sua espontaneidade, pois se esforçam para pensar e antecipar suas ações de modo a prevenir qualquer tipo de acidente. O tímido age defensivamente, protegendo-se de qualquer situação incômoda: antes que se sinta sem saída, ele escolhe deter sua ação. Desse modo, ele procura assegurar não o sucesso, mas a ausência de fracasso na área de sua vulnerabilidade. O outro é facilmente colocado como o centro das atenções, e o tímido procura compreender e adivinhar o que o outro pensa e quer, na tentativa de controlar os pensamentos e os julgamentos que este pode ter sobre sua pessoa. A situação piora com estranhos, pois fica mais difícil prever os pensamentos e os julgamentos de um desconhecido. A defesa natural do tímido é se isolar e se calar para evitar o contato e o confronto com outras pessoas. O isolamento aumenta o medo e faz com que o indivíduo tenha menos oportunidades de explorar suas potencialidades, o que gera mais insegurança e a perda progressiva da autoestima. Algumas pessoas conseguem modificar esse panorama, e alguns tímidos na infância deixam de sê-lo na idade adulta.

Introversão é um termo introduzido por Jung que se refere a uma atitude da consciência que prefere a introspecção. O introvertido volta seu interesse para dentro. Está mais interessado nele mesmo do que no outro, e seu comportamento, seus pensamentos e suas ações são motivados por seus próprios interesses. Quando essa posição é constante, o sujeito é considerado do tipo introvertido. Mas ela também pode ser circunstancial: nesse caso, o sujeito agirá introspectivamente apenas em determinadas situações. Pode ser ativa, quando o indivíduo escolhe esse isolamento, ou passiva, quando não consegue deslocar o interesse para fora de si.

A *fobia social* é um quadro clínico diagnosticado pela psiquiatria. As pessoas que sofrem de fobia social sentem medo e vergonha da interação social com muita intensidade. Para evitar a eclosão de angústia, presente em grande proporção nestes indivíduos, a pessoa provoca grandes restrições em sua vida, o que leva a graves limitações. Esses indivíduos têm muita dificuldade para levar uma vida razoavelmente normal. As fobias sociais podem adquirir diferentes formas. Muitos não conseguem frequentar locais cheios de gente, onde não podem controlar os múltiplos olhares que se dirigiriam a eles. Há os que não conseguem comer ou beber em locais públicos e os que se isolam para não correr o risco de corar ou de apresentar suor excessivo. Outros, ainda, não conseguem falar em público. São sujeitos que, ao mesmo tempo que precisam ser vistos, temem serem vistos demais. Passam a ideia de uma transparência, em que parecem ser trespassados pelo olhar do outro, que verá muito mais que o que gostariam de mostrar.

4. Proteção da dignidade

Passeava em Inhotim[6] quando, de repente, deparei com uma senhora agachada, mal coberta por uma moita, com o vestido levantado e as calcinhas abaixadas. Ao seu lado, uma pilha de papel higiênico cortado, cujas folhas ela pegava sucessivamente para se limpar. A visão foi chocante e causou nojo, horror e constrangimento em todos os que assistiram à cena. A mulher, por seu lado, pareceu nem perceber a presença de outras pessoas e, impávida, continuou a se limpar. Alguns minutos depois, avistei a mesma senhora indo ao encontro de seu grupo, pessoas especiais, acompanhadas de monitores. Seguramente, ela não se envergonhou. Não tinha noção de ter sido observada ou de ter se exposto de maneira degradante.

---

6 O Instituto Inhotim, situado em Minas Gerais, é a sede de um dos mais importantes acervos de arte contemporânea do Brasil, sendo considerado o maior centro de arte ao ar livre da América Latina.

O fato de a mulher não demonstrar reação alguma quando foi flagrada e observada nesse momento de intimidade tornou a experiência ainda mais chocante para todos os que presenciaram a cena sem perceber a sua condição. É comum sentirmos vergonha pelo outro, especialmente quando a pessoa não se dá conta de que está exposta a uma situação degradante. Para sentir vergonha, é preciso ter consciência de si e também do outro, além de ter internalizado um conjunto de regras básicas para a convivência em sociedade, valores que não estavam presentes naquela mulher, provavelmente em virtude dos limites de sua condição especial.

A vergonha é uma força potente que atua no sentido de adaptar o comportamento para garantir a vida em sociedade, na medida em que ela impede a livre vazão do curso selvagem dos instintos. Porém, os limites entre um ambiente educativo saudável e um ambiente castrador são tênues. A vergonha pode ser usada como importante aliada para a aprendizagem das normas básicas de convivência e de contenção dos impulsos, mas, se acionada em excesso, pode impedir a livre expressão do indivíduo, causando inibições e provocando graves sintomas ao longo do desenvolvimento.

Sentir vergonha é vital, é um sentimento presente na vida de todas as pessoas, que ajuda a proteger a privacidade e a intimidade ao mesmo tempo que preserva o convívio em grupo. A vergonha funciona como fator regulador do comportamento social, pois seu componente moral impele os indivíduos a agirem de acordo com os padrões estabelecidos pela sociedade à qual pertencem.

No que diz respeito à vergonha no sentido de preservar um ambiente moral e socialmente coeso, ela não é somente a força que mantém o sujeito dentro do limite das convenções: é, ainda, um indicativo de que esse limite se afrouxou, porque ela aparece quando a pessoa já transgrediu uma convenção. Sendo assim, a vergonha tanto marca a fronteira entre natureza e cultura quanto sinaliza o rompimento dessa marcação.

5. As origens e a vergonha: o mito de Adão e Eva

Os mitos são narrativas criadas pelo homem que abordam as questões vitais de nossa existência. Eles procuram explicar os enigmas da vida e as origens do homem, do mundo e das coisas tal como as conhecemos. Encontramos esses relatos em muitas civilizações, e cada cultura desenvolve uma narrativa própria para explicar, de modo muitas vezes metafórico, a criação do mundo e do homem. O mito das origens clássico da tradição ocidental judaico-cristã é a história de Adão e Eva, encontrada no Gênesis, primeiro livro do Antigo Testamento. Além da história da criação do mundo e do homem, encontramos nesse mito o relato do surgimento do sentimento de vergonha no ser humano. Segundo essa narrativa, Adão e Eva viviam no paraíso, estavam nus e não se envergonhavam. Nada lhes faltava, viviam num estado de total felicidade. Podiam fazer o que quisessem, tinham liberdade quase sem limites. Deus só lhes fez uma proibição: não poderiam comer o fruto da árvore do conhecimento do bem e do mal. Caso desobedecessem a essa ordem, eles morreriam. Deus queria evitar que Adão e Eva adquirissem o discernimento e se assemelhassem a Ele. Mas, um dia, a serpente, que andava lá por perto, insistiu com Eva para que ela experimentasse aquele fruto e a convenceu de que isso não causaria sua morte. Provavelmente, em virtude da curiosidade e da vontade de transgredir a única proibição a que era sujeita, Eva resolve provar o fruto proibido e oferecê-lo também a Adão. No momento em que mordem a maçã, Adão e Eva adquirem o conhecimento do bem e do mal e marcam sua separação da ordem natural criada por Deus. Reconhecem que estão nus e desamparados diante da Sua onipotência, sentem vergonha de sua nudez e se escondem. Deus procura por eles e pergunta por que Adão está escondido. Ao tomar conhecimento de que estava com vergonha, Deus percebe que ele havia adquirido o discernimento e conclui que haviam comido o fruto da árvore proibida. Imediatamente, Ele os expulsa do paraíso.

Quando adquire a consciência do bem e do mal, o homem passa a ter consciência de si e de sua separação em relação a Deus. Sem a proteção onipotente garantida por Deus, o homem se dá conta de sua própria pequenez e percebe que não se basta sozinho, que é dependente e sente necessidade e desejo.[7] A ilusão de satisfação completa e de uma vida eternamente feliz é perdida imediatamente – não estamos mais no paraíso. Na verdade, a própria ideia de paraíso não passa de uma ilusão. Só sentimos que estávamos vivendo no paraíso ao perder uma condição de completude da qual nem ao menos tínhamos consciência. Quando um momento bom da vida é sucedido por outro mais difícil, percebemos o quanto aquela época anterior era tranquila e feliz.

Podemos pensar que a ideia de paraíso remete à primeira infância, período em que a vergonha ainda não existe (tema que será

---

[7] A palavra *conhecer*, na Bíblia, é também usada com o significado de *ter relação sexual*.

desenvolvido mais adiante). Freud,[8] aliás, considera o paraíso justamente uma fantasia da infância do indivíduo, para onde podemos voltar toda noite em nossos sonhos.

Kant[9] escreve um texto em que brinca com essa passagem bíblica e traça um estudo sobre o início da história humana: diz que o homem deveria ser guiado somente por Deus, ou seja, pelos instintos, mas que não obedeceu a essa determinação; ao comer do fruto da árvore proibida, a árvore da razão, e usar essa razão adquirida para subverter a ordem "natural" determinada por Deus, o homem separa-se do reino animal e cria seu próprio destino.

Após comer o fruto proibido, ao entrar no mundo da civilização com a instauração do desejo, Adão é chamado a comparecer diante de Deus. É nesse momento que, autoconsciente de sua nudez e antecipando o olhar do outro, sente a urgência e o desespero de escondê-la. A vergonha surge diante do duplo movimento da tomada de consciência de si e da entrada do terceiro, no momento em que o sujeito se vê e se vê sendo visto ao mesmo tempo.

---

8 FREUD, 1976b.
9 KANT, 2010.

6. Um passeio pela filosofia

A vergonha é objeto de reflexão da filosofia desde a Antiguidade. Aristóteles (384-322 a.c.), em sua *Retórica*, traça um breve estudo sobre a vergonha, classificada como uma das paixões humanas. Cícero, pensador romano (106-43 a.c.), afirma que *verecundia* é o sentido de sentir vergonha e a capacidade de conter os próprios impulsos e desejos, fato que distingue o homem dos animais.

Autores contemporâneos da filosofia colocam a vergonha no centro do processo da construção da subjetividade. Sua presença indica a marca de humanidade e a inserção no mundo da linguagem e da comunidade humana. A vergonha assinala a característica especial dos humanos, aquilo que os distingue dos animais, sua possibilidade de pensar, se ver e, ao mesmo tempo, perceber e ver o outro.

A vergonha da qual esses autores tratam não é aquela que sentimos quando temos alguma imperfeição ou falha em nosso ser, nem consiste num mero sentimento que o homem tem. Pelo contrário, ela é fundamental e parte integrante da própria definição de ser humano, pois se refere ao momento em que podemos nos perceber como sujeitos, conscientes de nossa existência pessoal no mundo.

Para Levinas,[10] a questão da vergonha é o fato de que não podemos nos descolar de nós mesmos, de que é impossível romper consigo próprio. Sentimos vergonha na nudez porque não podemos ocultar o que gostaríamos de subtrair ao olhar. Não é possível fugir de nós mesmos e, portanto, só nos resta ficar entregues à vergonha. A nudez é vergonhosa quando revela toda a nossa intimidade, quando a totalidade de nossa existência fica exposta.

Heidegger[11] trata a vergonha como uma espécie de tonalidade emotiva presente na pessoa toda. É algo que atravessa e determina o ser inteiro. A vergonha está no encontro entre o homem e o ser. Para esse autor, ela é um sentimento tão fundamental e fundante do humano que ele escreve: "O ser mesmo traz consigo a vergonha, a vergonha de ser".

Sartre[12] afirma que a vergonha pura é o sentimento de ser um objeto, isto é, de se reconhecer dependente do outro e, nesse sentido, não ser inteiro por si só. A vergonha é o sentimento de queda original, não pelo fato de se ter cometido alguma falta, mas simplesmente por se ter caído no mundo, no meio das coisas, e precisar da mediação do outro para poder ser o que se é.

Agamben,[13] filósofo italiano da atualidade, interessa-se pelo tema a partir dos relatos do escritor também italiano Primo Levi, que sobreviveu a um campo de concentração da Alemanha nazista e escreveu diversos livros referentes a essa vivência. Levi relata a

---

10 LEVINAS apud AGAMBEN, 2008, p. 109.
11 HEIDEGGER apud AGAMBEN, 2008, p. 111.
12 SARTRE apud LA TAILLE, 2002, p. 73.
13 AGAMBEN, 2008.

experiência extrema de horror e perda dos direitos básicos humanos e o processo de desumanização sofrido pelos judeus durante aqueles anos. Seu livro *É isso um homem?* é um relato forte e pungente dessa experiência. Ele descreve com detalhes a luta pela sobrevivência e as suas consequências nos indivíduos: a transformação de alguns em mortos-vivos desumanizados e o esforço de outros, apesar de todas as condições adversas, para manter um mínimo de dignidade e humanidade. No livro *A trégua*, ele narra com detalhes o momento de encontro dos prisioneiros do campo de concentração com os soldados russos que vieram libertá-los após a derrota dos alemães. O sentimento despertado, quando os soldados chegaram ao campo e viram a condição daquele lugar, as pilhas de mortos e o estado dos sobreviventes, foi justamente a vergonha. Essa mesma vergonha também havia sido sentida pelos prisioneiros nos momentos em que se davam conta dos horrores a que estavam submetidos e do estado degradante a que haviam chegado. Todos sentiram a vergonha que os próprios nazistas não haviam sentido. A vergonha é o sentimento que eclode quando o horror jamais concebido antes na história da humanidade é testemunhado pelo mundo exterior.

Os campos de extermínio representam um marco no processo de desumanização. Daí o interesse de Agamben em estudar esse acontecimento histórico para dar conta dos limites entre o humano e o não humano e da construção da subjetividade. Ele coloca a vergonha no centro do processo de humanização, que se refere à aquisição de consciência: poder perceber a si mesmo como sujeito e também perceber a existência do outro como diferente e separado de si. Esse movimento é simultâneo: no momento em que me percebo como uma pessoa separada, me dou conta da existência das outras pessoas e do fato de que elas, por sua vez, também são sujeitos, portanto, pessoas que enxergam, sentem e pensam, assim como eu. Se os outros enxergam, sentem e pensam, eles olham para mim e me veem como objeto; quando eu estou dentro de mim e vejo os outros, sou ativo; quando percebo que estou sendo visto, sou passivo, pois não tenho controle sobre o que o outro vê ou faz. A subjetividade seria constituída, então, por esse duplo movimento: tornar-se sujeito e, ao mesmo tempo, perder-se para ser objeto do outro. Para Agamben, a vergonha retrata exatamente esse momento, ser ativo e passivo simultaneamente, eu me ver e, ao mesmo tempo, me perceber sendo visto.

Derrida[14] volta ao mito de Adão e Eva para dizer que o animal não tem consciência de sua nudez nem do bem e do mal, portanto, não podemos dizer que ele está nu. Não há nudez na natureza. O homem é o único ser que tem necessidade de cobrir-se, porque tem consciência da nudez, de sua separação e de sua incompletude. Para Derrida, a vergonha aparece vinculada à passividade, ao momento em que, de repente, a pessoa se percebe involuntariamente exposta diante do outro.

Quando falamos em nudez, esta pode se referir ao corpo nu, mas também à alma nua, não coberta pelos véus que usamos para deixar o outro somente entrever aquilo que podemos ou queremos mostrar. O ato falho é um exemplo disso: de repente, a pessoa troca uma palavra por outra, e essa troca revela uma conexão que não era para ser exibida.

> *Uma paciente, durante um atendimento psicoterapêutico em grupo, mulher doente, com limitações físicas e dependente dos cuidados do marido, deixa escapar a frase: "porque o meu escravo...", em vez de dizer esposo.*

---

14 DERRIDA, 2002.

Imediatamente, mostra-se constrangida e sem graça: ela o trata como escravo, mas ficou envergonhada quando isso transpareceu diante de todo o grupo. A inversão dos papéis, evidente na troca de palavras, revela que ela usa sua doença para dominar o marido, é ele quem se submete. Todavia, esse é seu prazer particular e secreto, não é para ser exibido.

7. Atividade e passividade

Quando um dançarino se desnuda num show de *striptease*, por exemplo, ele está no controle da situação, ativamente exibindo seu corpo nu. Ser olhado não significa, necessariamente, estar na posição passiva; em casos como esse, não há passividade na exibição e, portanto, não há vergonha.

O ator está sempre exposto aos olhares do público. Ele se prepara para a exposição, ensaia, estuda seu personagem. Enquanto interpreta no palco, sua exposição é ativa: ele sabe o que deve fazer para transmitir seu recado e as emoções que deve provocar na plateia. Um ator experiente não se envergonha facilmente, mas, por causa da exposição a que está sujeito, a vergonha ronda por perto.

Após a apresentação de uma peça de teatro, converso com uma das atrizes que acabaram de atuar: "Você estava muito charmosa!", digo. Imediatamente, ela cora, desvia e baixa os olhos, numa expressão típica de vergonha, e diz: "É a personagem...".

Quando aponto seu charme, falo de algo que diz respeito à sua intimidade: falei da pessoa, e não da personagem, observei algo que não estava lá para ser visto. Ela, imediatamente, se percebe sendo observada, o que a tira da postura ativa para a passividade.

Mais tarde, ela comenta: "Estou lá fazendo o papel de menina que quer namorar e, de repente, penso: 'Mas eu já sou avó!'"

Minha observação, inadvertidamente, colocou a atriz numa posição diferente da que ela assume no palco. Quando atua, ela é ativa, está mostrando e exprimindo aquilo que ensaiou para transmitir as emoções de sua personagem. Sua pessoa está devidamente escondida e preservada pela interpretação do papel. Minha fala uniu a pessoa à personagem, o que a fez recuar e revelar, imediatamente, os sinais da vergonha.

A atriz conta que sentir vergonha faz parte do processo de criação das personagens, no qual precisa experimentar "formas e jeitos", e que, muitas vezes, se sente ridícula nessa experimentação. "Depois a gente dá um jeito", ela diz, "e encontra formas de se sentir mais confortável com o papel" – e, portanto, com a exposição. "Mas existem muitas situações que desestruturam a gente, pode ser alguém na plateia, ou o tipo de plateia, e a vergonha aparece. Desenvolvemos formas de lidar com isso para continuar atuando."

8. O nascimento da vergonha na criança

Renata, menina extrovertida e carismática, em seu aniversário de dois anos, mostra uma alegria contagiante, canta parabéns junto com a família, sorri e bate palmas. Um ano depois, no aniversário de três anos, assim que vê o bolo com as velinhas acesas, ela se esconde atrás da mãe e, ao lado da mesma alegria contagiante, aparece um novo sentimento, uma alegria envergonhada: demonstra ter tomado consciência dos olhares que se depositam sobre sua pessoa.

A vergonha é um sentimento social, surge diante do olhar do outro. Quando a criança nasce, ela está imersa no mundo, misturada com a mãe,[15] num estado que os psicanalistas chamam de *indiferenciação*. Ainda não distingue entre dentro e fora, eu e outro. Sente um

---

[15] Quando me refiro à mãe, neste capítulo e no seguinte, quero dizer a mãe ou a pessoa encarregada dos cuidados da criança, o outro significativo, ao qual a criança recorre quando precisa de referências.

desconforto e, de repente, surge algo quente descendo por seu corpo que a alivia. Ouve sons, tem calor, frio, sensações de prazer ou de incômodo, sem localizar os estímulos. Com o tempo, as sensações se juntam, articulam-se e formam sentidos, e a criança começa a perceber que o som, o calor e o toque vêm sempre acompanhados de um rosto, o da mãe. Com o advento do pensamento e do uso da linguagem, a criança começa a dar significado àquilo que a rodeia e inicia o processo de separação em relação ao mundo que a cerca. Em seus primórdios, a criança sente angústias e medos, mas não ainda a vergonha. A vergonha entra em cena a partir do momento em que o outro passa a existir conscientemente para a criança e, com ele, o seu olhar; somente quando já existe uma distinção entre o bem e o mal e a possibilidade de um julgamento moral. Isso ocorre na mesma época em que a criança se reconhece no espelho, por volta dos 18 aos 24 meses. É o período em que ela já pode guardar segredos e mentir para ocultar algum comportamento que sabe que não será aprovado pelo adulto. Podemos pensar que a vergonha surge quando a criança consegue se perceber separada da mãe, portanto, quando percebe que não é completa, depende do outro e é frágil.

A vergonha se manifesta a partir do momento em que tomamos consciência de nós mesmos. Esse passo é acompanhado pela percepção de que existe o outro, ou seja, essa outra consciência que olha em nossa direção, nos vê e nos percebe.

Crianças muito pequenas, que ainda não têm essa percepção, são autênticas e estão no mundo sem nenhuma preocupação com o olhar alheio. Elas vivem suas fantasias, são princesas ou super-heróis, brincam e se colocam no mundo sem crítica. É fácil observar a mudança que ocorre quando crescem e se tornam conscientes de si mesmas: a naturalidade e a espontaneidade ingênuas cedem lugar à atenção ao olhar do outro e, como consequência, o comportamento passa a ser controlado em função do efeito desse olhar.

9. A vergonha e a interação com o outro

Pesquisas realizadas com bebês e suas mães em interações face a face mostram resultados interessantes para nossa compreensão a respeito da gênese da vergonha e de seu desenvolvimento. A comunicação não verbal entre mães e bebês é muito rica e se dá de modo preponderante pelo olhar. As trocas são constantes, e os bebês reagem intensamente quando interagem visualmente com suas mães, buscando aprovação, incentivo e atenção. Se a mãe sorri, o bebê sorri de volta, demonstra prazer e fica confiante. Os bebês procuram, no olhar de suas mães, uma resposta emocional para os sentimentos que estão vivenciando. Pesquisas apontam que, quando não encontram o tipo de resposta facial que esperam ou quando as mães não demonstram reação alguma, os bebês reagem com angústia e se encolhem, desviando o olhar, num comportamento que equivale à expressão mais instintiva de vergonha.

Os olhares trocados pela dupla são fundamentais porque funcionam como uma garantia da continuidade da relação da criança com a mãe, além de servirem para dar suporte e legitimar os sentimentos e as ações da criança pequena. No início, as trocas são basicamente positivas. À medida que as crianças crescem, os *nãos* aumentam de frequência. A necessidade de socializar e educar as crianças leva as mães a transformarem suas interações com os filhos. Os olhares e as expressões faciais se ajustam às novas situações e veiculam, com maior frequência, a reprovação e outros sentimentos negativos que visam impedir que a criança se envolva em comportamentos perigosos ou proibidos.

A criança pequena, quando se encontra numa situação difícil ou incerta, procura o olhar da mãe para ter uma referência e regula sua conduta em função do sinal emocional que é dado por ela. Nessas trocas, o olhar funciona como a referência social. Os sinais positivos, que transmitem a ideia de *o que se faz*, provocam o sentimento de um interesse conjunto, o outro está junto e dá suporte à criança. Os sinais negativos, que se referem a *o que não se faz*, provocam na criança pequena o sentimento de estar só, deixada pela mãe e impotente. A vergonha é transmitida pelos sinais negativos. Ela é o efeito da fuga do olhar do outro, de uma interrupção do vínculo, que deixa o bebê vulnerável, fragilizado e sem esperança.

Dependendo da maneira como os adultos reagem às expressões e aos desejos da criança, diferentes sentimentos são despertados. A vergonha é o sentimento provocado, geralmente, quando a criança tem um comportamento que lhe dá prazer e procura o olhar da mãe buscando interesse e aprovação, mas recebe de volta um olhar de reprovação, de nojo ou de desgosto. Um exemplo comum desse tipo de ocorrência se dá quando a criança pequena, que está sendo treinada para o controle esfincteriano, defeca em local inapropriado ou brinca com as próprias fezes.

Porém, a vergonha não é transmitida somente de maneira direta. Dependendo da interação, a criança pode não apenas se envergonhar de um comportamento específico, mas sentir vergonha dela mesma como pessoa. A reação específica do adulto determina, em grande medida, o sentimento que será gerado na criança. O *não* do adulto pode interromper o movimento expressivo da criança sem atingi-la quando o adulto usa a vergonha como um sinal de alarme, em situações comuns, que corresponderiam à frase "Não me envergonhe". Por exemplo, se a criança aparece pelada na sala, rindo e querendo chamar a atenção, e os pais lhe dizem: "Vá se vestir, não é legal andar pelado", a criança percebe que seu comportamento não foi aceito, fica frustrada, mas pode aprender que os pais preferem que ela o evite. Nesse caso, os pais reprovaram uma ação: ficar pelado na sala. Por outro lado, se os pais lhe dizem: "Saia daqui e vá se vestir, você é feia", a reprovação incide sobre a criança como um todo, e ela sente que é uma pessoa ruim. Ela, que estava se sentindo o máximo, se exibindo feliz, decai para o sentimento de não ter valor. Nesse caso, a reprovação não é dirigida ao comportamento, mas há uma desqualificação do movimento expressivo da criança como um todo. Em uma terceira situação, na hipótese de que a criança fosse ignorada e desprezada pelos pais, que nem dirigiriam o olhar em sua direção, ela poderia sentir vergonha de ser, forma mais grave e que se refere a uma ação que nega a própria existência do movimento expressivo da pessoa: ela não é vista nem sentida pelo outro e pode perder sua própria capacidade de se ver e se sentir. Os três tipos de reação do adulto podem provocar o sentimento de vergonha na criança, porém em graus diferentes e de maneiras que atingem o ser da criança em maior ou menor proporção e de modo mais ou menos permanente.

Algumas famílias ignoram a criança sempre que ela se envolve em comportamentos indesejados e que, eventualmente, podem envergonhar os adultos. Isso é usado como método educativo para fazer com que a criança deixe de ter certas atitudes consideradas inadequadas, o que é feito frequentemente com a birra, por exemplo. Mas, por vezes, a criança é ignorada quando demonstra sentimentos ou pensamentos que a família reprova moralmente, ou não sabe como lidar, ou nem consegue enxergar. Quando os sentimentos da criança são ignorados e não são refletidos de volta pelas pessoas que lhe são significativas, ela fica desconcertada. Sente como se esses sentimentos não pudessem existir. Se essa atitude é constante, a criança pode começar a acreditar que não pode ser como é, que precisa se adaptar e se moldar ao que pensa ser o desejo dos outros, para garantir a aprovação e sentir-se existindo. Por exemplo, se qualquer expressão de confronto ou agressividade for totalmente ignorada, a criança perde a espontaneidade e, constantemente, precisa se esforçar para se adaptar sem confrontar o adulto de quem ela depende.

É importante ressaltar que ignorar a criança como um todo é diferente de colocar limites e não aceitar determinado tipo de comportamento. O adulto que reconhece aquele sentimento ou comportamento inadequado da criança e restringe sua expansão está olhando para a criança e colocando limites saudáveis. Ele lhe oferece ferramentas para elaborar e refletir sobre suas atitudes. Quando simplesmente ignora a criança como um todo, esta fica desconcertada e envergonhada de ser o que é. As manifestações de sexualidade também são alvo desse tipo de repressão em algumas famílias. O sentimento de não encontrar eco na manifestação dos gestos expressivos gera vergonha de si. Quando esse tipo de mecanismo é acionado, o impulso resultante é se fechar. A pessoa perde a espontaneidade, e a tendência é que haja uma diminuição da autoestima.

Ao longo da vida, mantemos uma conexão íntima entre o valor que temos aos olhos dos outros e o que nos atribuímos. Quanto maior a minha autoestima, mais valor atribuo a mim, sinto mais confiança e dependo menos da aceitação dos outros, ficando mais autônomo em relação a julgamentos e valorações sociais. Já quando minha autoestima não está fortalecida, dou menos valor a mim, atribuo mais importância ao julgamento dos outros, sou menos autônomo e fico mais propenso a sentir vergonha.

10. "Vestir" o corpo: o pudor

A afirmação de que não há nudez na natureza só pode ser compreendida pela ideia de que a nudez existe apenas quando podemos percebê-la como tal. É a consciência da nudez que leva o homem a cobrir o corpo. O movimento sempre renovado de criação dessas "coberturas" é essencial na história da humanidade e parte fundamental do processo de civilização dentro do qual estamos inseridos e que está em constante desenvolvimento.

O homem é um ser gregário e precisa viver em comunidade para garantir a sobrevivência e a proteção contra os perigos externos. Porém, a vida em grupo só é viável se existirem condições mínimas que garantam a possibilidade de convivência. Entre essas condições, podemos enumerar algumas que nos interessam particularmente: a necessidade de domesticar a animalidade presente em nossa natureza, a contenção dos impulsos primitivos e a regulação da satisfação dos prazeres. Esse controle é exercido por meio de normas e regras, que estão em constante desenvolvimento e acompanham as mudanças que ocorrem nas sociedades em cada época e lugar. As regras sociais são criadas para possibilitar o convívio e abarcam tudo aquilo que é considerado desordenado e impróprio dentro de determinado grupo. O padrão do que é civilizado varia de cultura para cultura, de acordo com as exigências de cada sociedade específica nos diferentes períodos históricos. As regras sociais que regulam a exibição do corpo e o controle das funções corporais funcionam segundo esse padrão.

Urinar e defecar em local público era normal na Idade Média, época em que as noções de privacidade e higiene eram diferentes das que temos hoje. A regulamentação do alívio das necessidades corporais ocorreu lentamente na história da humanidade. Uma pesquisa especialmente interessante para aprendermos como se deu a evolução dos hábitos e dos comportamentos sociais foi feita por Norbert Elias,[16] sociólogo alemão que estudou livros de etiqueta e boas maneiras escritos desde o século XIII até meados do século XX. O exame dessas regras é muito rico, pois nos possibilita inferir o comportamento vigente na época e como este comportamento evoluiu com o passar do tempo. O fato de que era comum defecar na rua fica evidente pela existência de regras de etiqueta que recomendavam, por exemplo, não cumprimentar uma pessoa que estivesse defecando se você a encontrasse em seu caminho. Tempos mais tarde, provavelmente depois que alguma mudança já havia ocorrido, o conselho incluía mais um passo em direção à privacidade e recomendava que as pessoas procurassem um lugar reservado, fora do alcance visível, para aliviar suas necessidades. As regras de etiqueta referiam-se a toda sorte de funções e prazeres corporais, como eliminar diferentes fluidos, gases e arrotos, assoar o nariz ou coçar determinadas partes do corpo, além de fazerem referências ao comportamento adequado à mesa e ao uso do garfo, entre outras atividades.

---

16 ELIAS, 1994.

Lentamente, com o decorrer das gerações, os comportamentos se transformam. Aqueles que eram habituais numa determinada época começam a ser controlados pelo fato de serem acompanhados por sentimentos desagradáveis. A seguir, passam a ser considerados repugnantes e criam-se regras sociais que visam coibi-los. As proibições, que têm sua primeira aparição sob a forma de recomendações de etiqueta, com o tempo tornam-se ritualizadas, até se institucionalizarem e gerarem tabus sociais. Os tabus são acompanhados por sentimentos de desagrado, antipatia, repugnância, medo ou vergonha. Esses sentimentos, que a princípio precisaram ser socialmente alimentados, passam a ser constantemente reproduzidos e se tornam enraizados em rituais e formas de conduta.

O uso de sentimentos como a vergonha, a repugnância e o medo é fundamental para que o indivíduo desenvolva o autocontrole e se comporte adequadamente de acordo com o padrão social. Inicialmente, o controle se dá por coação: o indivíduo se controla por obediência aos outros. Depois, ele interioriza a regra e, com o objetivo de não se envergonhar por ser visto fazendo alguma coisa repugnante, desenvolve o autocontrole. Aquilo que, em determinado momento histórico, foi instituído pela cultura passa a ser visto como natural pelos seus membros, educados para pensar que esta é a forma correta e adequada de agir.

Hoje, a visão de uma pessoa defecando em local público, como aquela que relatei no incidente de Inhotim, é chocante e produz um grande estranhamento. A civilização se modificou, os padrões de higiene e privacidade são outros, construímos banheiros e utensílios adequados para o alívio de nossas necessidades. O que era considerado comportamento público normal, hoje, é impensável fora da ordem do privado. O sentimento de pudor associa-se às regras e é praticamente inconcebível agir de outra forma.

O pudor é a vergonha atuando preventivamente. É o sentimento desenvolvido a partir das normas da sociedade que nos leva a revestir o corpo e exercer suas funções de acordo com a forma determinada pelos padrões sociais. O pudor antecipa a vergonha e funciona como uma espécie de proteção. Ele pede uma vestimenta que dê um contorno cultural e social ao corpo, que lhe confira o caráter civilizado. A vergonha é o que aparece quando os véus do pudor se rasgam.

O conteúdo do pudor em relação à exibição do corpo é diferente ao longo da história e dentro de cada sociedade específica. Nas diferentes civilizações, a exibição do corpo nu é aceitável sob determinadas condições. Para citar alguns exemplos, até certo período da história, era normal a nobreza não guardar nenhum espaço de privacidade em relação a seus criados, pois a diferença social tornava o empregado invisível. Para os franceses, até o século XVII, era natural tomar banho nu no rio Sena. Nem precisamos ir tão longe no tempo: recentemente, em Berlim, numa sauna mista de hotel, alguns europeus, homens e mulheres, entraram totalmente nus, sem revelar qualquer sinal de constrangimento. Os brasileiros presentes no local, devidamente vestidos com suas roupas de banho, se surpreenderam com a ausência de pudor dos colegas europeus. As diferenças culturais ficaram totalmente evidentes.

O pudor não diz respeito ao tipo ou ao tamanho da roupa propriamente ditos, mas se refere a todo um conjunto de fatores, como a função e os costumes do vestir próprios àquele ambiente específico. O pudor é um dos sentimentos presentes quando procuramos nos vestir adequadamente para as diferentes ocasiões, quando não queremos ferir as normas sociais. Mas deixamos o pudor de lado quando queremos desafiar essas mesmas regras, como acontece nos protestos e nas manifestações em que se usa a nudez para demonstrar o desacordo com a sociedade em questão.

O pudor e a vergonha dele decorrente têm uma forte ligação com a sexualidade. As vestimentas são usadas como proteção contra o tempo e as agressões externas e para transmitir mensagens a nosso respeito, mas também como cobertura de nossa intimidade. A forma que usamos para revestir o corpo é importante fonte de informação: as roupas revelam quem somos e a que grupo social pertencemos, mas, fundamentalmente, servem como anteparo para a sexualidade e para evitar que sejamos vistos como puro objeto sexual. Determinadas vestimentas, ou aquelas que revelam certas partes do corpo, são consideradas vulgares, pois seu uso pode ser decodificado como um recado explícito de disponibilidade sexual. Apesar de a nudez do corpo não estar somente associada com a sexualidade e os impulsos sexuais, a potencial atração sexual na nudez física é a principal causa da vergonha do corpo nu. A nudez feminina tem relação com provocar o desejo masculino e constitui uma ameaça, em muitas culturas, precisamente porque suscita esse desejo.

Nas culturas em que a nudez é habitual, como em determinadas tribos indígenas, os sinais sexuais são transmitidos de maneira diferente, não pela ausência de roupas. As regras em relação à exibição do corpo e de suas funções nessas sociedades existem e possuem conteúdos próprios. O pudor em relação à menstruação e os tabus que a envolvem são um exemplo da manifestação desse tipo de regra em algumas daquelas comunidades.

Romper os limites dos códigos morais e dos costumes vigentes é vergonhoso e pode até trazer desgraça. O uso da burca, em alguns países, é necessário e compulsório. Nessas sociedades, as mulheres precisam cobrir todo o corpo, inclusive o rosto e as mãos. Outras culturas exigem o uso de véus. Na religião judaica, entre os judeus ortodoxos muito religiosos, as mulheres, após o casamento, não podem mais exibir os cabelos para não atraírem sexualmente outros homens além do marido. O uso de véus e burcas foi proibido na França em 2010, mas muitas mulheres exigem a liberdade de usá-los: sentem pudor de saírem descobertas.

No mundo ocidental, a partir do Renascimento, houve um progressivo movimento no sentido de esconder o corpo e de manter tudo o que se refere a ele no âmbito do privado. Se, na Idade Média, as necessidades corporais eram realizadas em público, hoje em dia, nas cidades, vivemos o oposto, e a existência de tantas suítes com banheiros privativos é a evidência concreta dessa mudança. Banheiros individuais nas residências constituem um bem de consumo amplamente oferecido e desejado.

Até o início do século XX, a sociedade ocidental passou por um grande período de moralização e repressão do corpo e de seus prazeres. As vestimentas deveriam cobrir quase a totalidade do corpo, e a sexualidade foi regulada por regras rígidas ditadas pela religião e pela moral social vigente. Após a Primeira Guerra Mundial, esse quadro começa a se modificar. A prática da atividade física torna-se comum e vem acompanhada do culto ao corpo e da preocupação com a aparência e com o bem-estar. As regras em relação à exibição do corpo se afrouxam; a roupa deixa de ter o caráter de esconder e é usada para realçar o corpo, que se torna o lugar da identidade pessoal. Após a revolução sexual ocorrida nos anos 1960, a relação com o corpo e com a sexualidade se altera e muita liberdade é conquistada. Isso gera novos deslocamentos, ou seja, não ficamos totalmente livres, mas mudamos o foco do problema: vivemos uma época em que, da liberdade de mostrar, passamos para uma espécie de ditadura – precisamos mostrar. O corpo tem de ser trabalhado para aparecer em sua forma e sua plenitude máximas, as cirurgias plásticas corrigem as imperfeições, os procedimentos dermatológicos garantem a juventude eterna. A produção da vergonha se desloca da mera exposição do corpo para outros patamares, mas não a perdemos. Ela é parte integrante da condição humana e surge sempre que se evidenciam a precariedade de nossos corpos e os seus descontroles, os sinais da nossa finitude e de nosso desamparo.

11. Vergonha e sexualidade

> *O que será que me dá*
> *Que me bole por dentro, será que me dá*
> *Que brota à flor da pele, será que me dá*
> *E que me sobe às faces e me faz corar*
> *E que me salta aos olhos a me atraiçoar*
> *E que me aperta o peito e me faz confessar*
> *O que não tem mais jeito de dissimular*
> *E que nem é direito ninguém recusar*
> *E que me faz mendigo, me faz suplicar*
> *O que não tem medida, nem nunca terá*
> *O que não tem remédio, nem nunca terá*
> *O que não tem receita...*
>
> *O que será [À flor da pele]*, Chico Buarque de Hollanda

A sexualidade é assunto sempre presente na música, na poesia e na literatura. Ela mexe com as pessoas, "não tem medida", "não tem remédio", "não tem receita", e precisamos encontrar palavras, pensamentos e imagens para tentar dominar essa força que assusta e arrasta as pessoas em busca de satisfação. Está presente em nossa vida como um imperativo biológico, motor que nos move e obriga nosso psiquismo a trabalhar para podermos lidar com suas urgências e suas necessidades. Assim como o corpo, "vestimos" a sexualidade para disfarçar nosso lado animal: essa força que nos invade, transborda e escapa ao controle. Nossa própria sexualidade é assunto que reservamos para falar somente em momentos de maior intimidade e privacidade. Ela "sobe às faces e faz corar", não tem "jeito de dissimular".

Desde Adão e Eva, escondemos nossas "vergonhas"[17] por baixo das folhas de figueira. Procuramos domar a sexualidade, vesti-la com trajes que permitam que se expresse no mundo civilizado. A folha da figueira simboliza a cultura, que nasce com a vergonha e reveste a sexualidade com uma cobertura de linguagem. A intensidade da energia sexual e o seu caráter disruptivo – a "bagunça" que ela provoca em nossa alma – nos obrigam a pensar e produzir imagens e ideias para domá-la. Não basta apenas exercê-la, ela "não tem medida"; precisamos de mais formas expressivas para dar conta de sua exuberância – por isso o amor e a paixão são temas tão presentes nas artes.

Do ponto de vista da psicanálise, a *sexualidade* é um conceito mais abrangente que aquilo que chamamos de *sexo* no senso comum e é mais que o ato sexual. É considerada a principal força que nos move em direção à vida, no que diz respeito à construção de ligações e vínculos, ao desenvolvimento psíquico e ao crescimento pessoal. Sua energia brota do corpo, apoia-se nas funções corporais e se move em busca de satisfação. No homem, a satisfação não é predeterminada, como acontece com os animais. Ela é construída a partir das marcas corporais que são produzidas pelo encontro entre a energia sexual e os objetos que se apresentam em nosso ca-

---

17 Os órgãos sexuais são chamados de *vergonhas* na Bíblia.

minho e que servem para a realização do desejo. Esse movimento em direção à satisfação se amplia com a vida e segue um percurso próprio para cada indivíduo, de acordo com suas experiências desde a infância. Nunca perdemos essas marcas, que são fundamentais e funcionam como trilhas pelas quais a energia sexual se desloca. As trilhas se tornam cada vez mais complexas, e a complexidade permite dar conta de maiores intensidades de energia.

Quanto mais complexa a rede de trilhas, mais a energia sexual pode ser utilizada para o crescimento e menos risco corremos de sermos inundados por ela. Porém, quando isso ocorre e a energia não tem como escoar, a sexualidade se torna traumática. Em outras palavras, as trilhas representam a nossa possibilidade de pensar e dar conta das emoções que nos invadem. Quanto mais trilhas, mais conseguimos enfrentar o que a vida nos traz e mais recursos temos para lidar com as dificuldades e as necessidades que nos assaltam todos os dias. Segundo essa visão, a sexualidade está presente e atuante em todos os seres humanos desde o nascimento.

Na criança, a sexualidade ainda não está organizada da mesma maneira que no adulto. Os psicanalistas chamam a sexualidade infantil de *perversa polimorfa*, pois ela se manifesta de muitas formas e sua satisfação ainda não está ordenada pela lógica da genitalidade. Ela tem suas raízes no corpo e encontra satisfação a partir das funções corporais. Quando o bebê mama, ele sente prazer ao sugar. É o que denominamos de *fase oral* da sexualidade. Na *fase anal*, a criança tem prazer em reter ou expelir suas fezes. Usa essas funções corporais para exercer controle sobre os pais quando está sendo treinada para o controle esfincteriano. Sente prazer no controle e na possibilidade de dominar os fluxos corporais. Passamos, então, à *fase fálica*, época da descoberta da diferença dos sexos, em que o prazer se faz presente no ato de se exibir, espiar, ver e ser visto e se relaciona com ter mais ou menos valor. É comum observarmos meninos pequenos espiando por baixo das saias das meninas e crianças olhando pelo buraco da fechadura, curiosas para ver o que se passa fora de suas vistas, além de demonstrarem prazer especial em se exibir e se mostrar diante dos outros.

Esse aspecto da sexualidade infantil, o exibicionismo, e seu correlato, o desejo de ver e espiar, são marcantes e especiais para nosso tema. A vergonha circula justamente ao redor do mundo da visão e do ser visto e é experimentada como o senso de estar disponível publicamente ao olhar do outro. A vergonha de exposição, aquela que sentimos quando nos percebemos sendo observados por alguém, se refere a este momento: o olhar de fora que captura nosso corpo – corpo que, em última instância, é a sede da sexualidade e de seus prazeres, seus controles e seus descontroles.

A aprendizagem de contenção dos impulsos, que levou séculos na história da civilização para ter a forma que conhecemos atualmente, é sempre renovada e reconquistada nos primeiros anos de vida da infância de nossas crianças. A educação funciona como a transmissão de valores que regulam a conduta da criança elaborando cercas para a pressão de satisfação dos instintos. A vergonha, o nojo e a moralidade são os sentimentos usados para produzir esse cerceamento, porque eles inibem a satisfação imediata e direcionam o sujeito a se submeter ao conjunto de regras criado para regular o comportamento. A eficiência desses sentimentos reside no fato de que o controle fica condicionado à sua simples presença: o mal-estar que provocam é associado aos próprios comportamentos que se deve evitar. Uma vez adquirido o controle, sentimos vergonha sempre que o perdemos, quando a força instintual é mais forte que a possibilidade de contenção.

Durante esse período da infância, a criança vive intensas paixões. Em geral, sonha em se casar com o genitor do sexo oposto e rivaliza com o genitor do mesmo sexo. Ao mesmo tempo, usa os pais como modelos de referência com os quais se identifica para a construção de sua personalidade. Esse período é fundamental e serve de base para todo o desenvolvimento posterior.

Por volta dos seis anos de idade, a criança entra na fase denominada de *latência*. É nesse período que a sexualidade infantil sofre uma grande onda de repressão. A criança deixa de ficar tão atenta aos prazeres corporais e às paixões infantis, e seus interesses se dirigem para o mundo que a rodeia. Essa é a idade da escolarização e da alfabetização, tempo dos estudos e da aprendizagem.

A vergonha, junto com o nojo e a moralidade, atua como importante barreira repressora da sexualidade infantil. Essa barreira é semelhante a um dique, que segura a torrente intensa da sexualidade e funciona como uma espécie de contenção, que desvia o fluxo de energia para outros objetivos. A contenção possibilita que nosso psiquismo trabalhe. Desse modo, a corrente de energia sexual pode ser transformada e canalizada para, posteriormente, ser reorganizada e funcionar do modo adulto.

A *genitalidade* é a sexualidade tal como a conhecemos na idade adulta, que tem como objetivo a satisfação sexual por meio das relações sexuais. Aquela exuberância de manifestações presentes na sexualidade infantil fica em parte reprimida, mas parte dela continua ativa, sempre pedindo satisfação. Podemos reconhecê-la nas preliminares do ato sexual, mas também aparece em nossa vida cotidiana, na maneira como nos relacionamos e estamos no mundo, em atos e atitudes comuns como beber, fumar, exercer controle sobre si e sobre os outros, querer se exibir e mostrar as coisas boas que somos ou possuímos.

A força da sexualidade é capaz de provocar inundações e transbordamentos e revelar uma intimidade que nem sempre desejamos deixar transparecer. Essa situação é propícia ao surgimento da vergonha, que se liga às múltiplas maneiras pelas quais a sexualidade se manifesta. Dá vergonha do desejo que é despertado inadvertidamente e nos deixa sem jeito ou nos faz gaguejar. Dá vergonha de nos percebermos como objeto do desejo de outro, quando somos passivamente capturados por um olhar que não era esperado. Sentimos vergonha quando perdemos o controle ou quando nos percebemos sendo avaliados e observados.

12. A vergonha e a sexualidade na adolescência

A adolescência é um período de reorganização, em que a sexualidade infantil é retomada para ser elaborada e integrada à sexualidade adulta. Nessa fase da vida, a sexualidade, que havia ficado adormecida no período de latência, volta com força total. Os órgãos sexuais estão maduros e prontos para o funcionamento sexual e reprodutivo, mas o adolescente ainda precisa elaborar as fantasias infantis para poder viver sua sexualidade nesse corpo adulto. É um período em que, acompanhando a eclosão da sexualidade, notamos um aumento do sentimento de vergonha. O corpo se transforma, o desejo e a atração sexual se intensificam. Ao mesmo tempo que a curiosidade a respeito do sexo aumenta, aparece também o receio dessas experiências ainda desconhecidas e o medo da força do desejo. É uma fase delicada, com muitos desafios a serem enfrentados pelo jovem. As experiências são intensas e é difícil lidar com o forte fluxo de energia sexual que transborda e com as mudanças corporais que acompanham essa nova etapa. Esses fatores explicam, em grande medida, o complexo percurso que os jovens precisam trilhar e os motivos que os levam a ficar mais propensos a sentir vergonha nessa etapa da vida.

Numa certa medida, a vergonha ajuda o jovem a regular o quanto pode se expor, até onde consegue ir. Mas é frequente o adolescente querer transgredir e experimentar. Muitos usam álcool ou drogas para se sentirem mais livres e desinibidos, e é comum depararmos com jovens profundamente envergonhados depois das "baladas", quando percebem o que fizeram.

Dá vergonha de deixar transparecer a atração que se sente e não ser correspondido, vergonha da falta de jeito, vergonha de sentir-se diminuído diante dos outros. O jovem que consegue se expor às novas experiências de maneira suportável desenvolve recursos e formas de lidar com toda essa intensidade. Assim, não precisa se inibir demais nem se deixar levar pela correnteza, sem saber o que fazer com as consequências.

É preciso, porém, ficar atento ao tipo de vergonha e à intensidade da inibição que ela gera. Quando a vergonha está ligada a fortes inibições, pode apontar para questões com as quais o jovem não está conseguindo lidar.

Lídia, jovem adolescente, vem fazer análise porque, desde que seu corpo se transformou, com o advento da puberdade, ela não pode mais mostrá-lo a ninguém. Não importa o clima, e, mesmo quando vai à praia, usa sempre um casaco de moletom com capuz que esconde suas formas, calças compridas, o corpo todo coberto. Foi a primeira de sua turma a entrar na puberdade, não tem ninguém com quem compartilhar essa transformação. Ela não tem palavras para descrever o que acontece, nem sabe falar dos seus sentimentos. Não pode falar de seu corpo, só o esconde. No início da análise, ela parecia totalmente bloqueada, era difícil avançarmos no entendimento dessa vergonha tão intensa. Aos poucos, Lídia começa a falar do quanto gosta de filmes de terror, em especial os de possessão, aos quais assiste com um misto de fascínio e medo. O que a atrai, e ao mesmo tempo a apavora, em relação a esses filmes, é a ideia de sumir ao ser possuído por outro, o terror de deixar de existir. A partir desse pensamento e no desenrolar do processo analítico, pudemos perceber que ela sentia como se esse corpo transformado não pertencesse mais a ela. As mudanças da puberdade e a intensidade da sexualidade eram vividas como se fossem forças demoníacas que a haviam possuído. Ela não consegue mais se reconhecer nesse corpo, só sente vergonha e a necessidade de escondê-lo. Escondendo o corpo e as suas "vergonhas", ela consegue continuar existindo.

A vergonha está implícita em diversos comportamentos e em algumas patologias típicas da fase da adolescência, embora nem sempre apareça de forma espontânea e explícita. Na anorexia e na bulimia, por exemplo, o jovem sente vergonha do corpo púbere. A imagem que a anoréxica tem de seu corpo transformado é a de que está gorda, e se envergonha disso. Sua luta é para voltar a ter aquele corpo reto, sem curvas, da menina.

Também encontramos adolescentes que escondem e mascaram a vergonha. Eles se juntam e usam a força do grupo para desafiar tudo e todos, onipotentemente acreditando que não sentem nenhuma fragilidade. Outros a negam e a transformam em ódio, que descarregam sobre outro. Humilhando o outro, sentem-se livres da própria vergonha.

Dá muita vergonha sentir vergonha. Por esse motivo, algumas pessoas desenvolvem inibições e evitam as situações em que se sentem vulneráveis, o que pode ser um fator extremamente limitante da vida. A experimentação, a vivência e a exposição às novidades são essenciais para o desenvolvimento e o crescimento, e o jovem que evita muitas oportunidades deixa de desenvolver recursos e criar seus jeitos para lidar com os novos desafios que encontrará nessa etapa da vida.

13. A busca do ideal

A vergonha tem grande relação com os ideais que temos dentro de nós e que usamos como referência para determinar a qualidade de nossas aquisições. Sentimos vergonha somente em relação a aspectos de nossa vida que valorizamos e que consideramos importantes na afirmação de nossa identidade.

Todos nós possuímos essas imagens e esses valores ideais que servem como padrão de medida para avaliar as aquisições e as conquistas que realizamos. Esse padrão ideal é construído ao longo da vida. Sua construção começa antes de nosso nascimento, quando nossos pais sonham com o filho que querem ter. A imagem da criança desejada e maravilhosa, imagem idealizada, vai permear as trocas dos pais com o bebê real, produzindo marcas que perduram ao longo da vida. Essa imagem se ajusta pouco a pouco ao filho. Mas o desejo de receber aquele olhar de admiração e maravilhamento permanece dentro de nós, que buscamos atingir aquela imagem de perfeição para voltar a ser alvo daquele amor incondicional.

A criança pequena também tem uma imagem idealizada dos pais. Eles são fortes, grandes, cheios de iniciativa. Sabem de tudo, conseguem tudo, cuidam da criança que é pequena e não tem a menor autonomia. Esse primeiro ideal criado pela criança é um ideal inatingível, baseado no modelo idealizado que são os pais da primeira infância. Esse modelo também permanece dentro de nós. Progressivamente, enquanto cresce, a criança percebe que os pais não são tão poderosos assim. Se tudo correr bem, o jovem poderá enxergar os limites dos pais e desenvolverá uma visão mais realista sobre aquilo que pode esperar dos outros e de si mesmo. Em seu caminho na direção de conquistar autonomia e desenvolver a identidade pessoal, o adolescente se separa daquela primeira imagem idealizada que retratava o filho ideal sonhado pelos pais. Os ideais não deixam de existir, mas podem ser relativizados e ajustados para se aproximarem mais da realidade possível. Esse processo demanda esforço, e os ideais podem ser reexaminados e revistos ao longo de toda a vida.

A formação dos ideais ocorre no período em que a criança se torna capaz de estabelecer conceitos e, como consequência, consegue imaginar e criar objetivos e aspirações para nortear sua vida. Essa construção envolve a internalização dos valores e dos padrões de seus pais e da sociedade em que vive, que são usados como referência e modelo para o estabelecimento dos seus próprios valores e padrões. A partir da aquisição desses modelos, o sujeito torna-se capaz de fazer julgamentos sobre seus sucessos e seus fracassos, suas superioridades e suas inferioridades. O fato de que podemos sentir vergonha mesmo quando estamos sozinhos, longe da presença dos outros, é decorrência desse processo.

Quando o meio social em que o jovem está inserido não dá muito espaço para errar, o sofrimento de se ver fracassar resulta em vergonha e provoca o comportamento de esconder as deficiências e manter segredo sobre as imperfeições. Esse mecanismo impede o movimento natural de errar e procurar consertar o erro, essencial para o desenvolvimento.

Os jovens adultos de hoje permanecem muito mais tempo dependentes de seus pais, que, por sua vez, continuam interferindo na vida dos filhos até a vida adulta. São os *pais helicópteros*, expressão que vem se tornando usual na mídia e que designa aqueles pais que ficam sobrevoando a existência dos filhos, aterrissando sempre que pensam que precisam interferir em suas vidas e em suas escolhas. Esses pais têm alta expectativa em relação ao desempenho dos filhos e interferem toda vez que suspeitam que eles possam se desviar do caminho pretendido. Ao mesmo tempo que são incitados a serem os melhores, os jovens são superprotegidos. Em vez de errar e aprender com os erros, precisam ser os melhores sem falhar, atingir a perfeição sem passar pelos percalços e pelos obstáculos da vida. Essa interferência, assim como as expectativas de sucesso e alto desempenho presentes nas sociedades do século XXI, das quais trataremos mais adiante, constituem uma fonte de pressão que impele as pessoas na direção de uma busca incessante para atingir metas e resultados idealizados, o que, muitas vezes, resulta numa sensação quase inevitável de frustração e de fracasso.

14. A vergonha e o ideal

A vergonha pode surgir de repente, quando, diante de alguma situação, aparece uma fratura entre a imagem que se tem de si e a imagem ideal, e o sujeito imagina que todos verão essa quebra. Em virtude de seu caráter doloroso, a vergonha leva o sujeito a realizar tentativas de inibir qualquer atividade que possa revelar a descontinuidade em relação a seu ideal.

> *Joana estava acostumada a falar em público e o fazia sem problemas. Atualmente, porém, quando vai dar início a uma reunião em que é coordenadora, ruboriza e gagueja. O sofrimento é intenso, e ela se aflige com a exposição e também com o fato de que todos podem perceber que sente vergonha e é frágil. Tem evitado ao máximo falar em público. Tudo começou depois que foi promovida a diretora, desejo perseguido e finalmente conquistado. Para ela, o cargo de diretora é muito especial, e ela tem muitas ideias e fantasias a respeito das ca-*

racterísticas que se deve ter para ocupar esse lugar, ideias bastante idealizadas. O medo de não corresponder a esse ideal é tamanho que ela chega ao ponto de não colocar seu nome nos materiais de divulgação de seus projetos, para que ninguém julgue o seu trabalho. Ocupar a posição de diretora faz com que ela depare com dois modelos idealizados: por um lado, a mulher poderosa que pode tudo; por outro, aquela que sabe, mas é humilde, não pode pisar no outro para demonstrar sua superioridade. No momento em que precisa se colocar no lugar de chefe, de quem sabe, ela se parte em duas. Quando afirma suas ideias e seu saber, imediatamente precisa se diminuir para parecer simpática. E, no momento em que se diminui, imediatamente sente ter perdido o lugar de poderosa. Enquanto age, ela se observa agindo, sai de dentro de si; fica tão preocupada com a imagem que está projetando para os outros que fica impossibilitada de pensar e atuar. Ela trava. Ruborizada, gagueja e sofre.

Neste terreno em que a idealização prevalece, a vergonha pode aparecer sempre que o sujeito se confronta com o sentimento de insuficiência diante do modelo que tem dentro de si.

A vergonha protege contra a violação de um valor interno, um ideal que a pessoa carrega e que regula seu comportamento de modo a preservar determinada imagem. Joana não se enxerga possuindo todas as características incluídas em seu modelo idealizado a respeito do que é ser diretora e pensa que não tem competência. Quando está numa situação de exposição, ela teme que os outros possam perceber essa dissonância, e isso provoca grande sofrimento. O medo e a vergonha de revelar as imperfeições conduzem ao comportamento de evitar toda e qualquer situação em que ela corra o risco de mostrar estas quebras.

Esse mesmo sofrimento pode ocorrer como consequência da exposição de qualquer característica que a pessoa sinta que está aquém do seu ideal narcísico. Pode se referir à aparência física, estar localizada no domínio intelectual, ser um defeito de qualquer ordem ou até o fato de pertencer a determinada raça ou religião, para citar alguns exemplos. O rompimento da ligação com o ideal provoca vergonha e causa muita dor. Inclusive, leva a pessoa a colocar em dúvida se ela é digna de receber amor, já que a ideia de ser amado, proveniente da infância, está condicionada à proximidade com o ideal e teve sua origem quando a criança ainda era aquela idealizada desejada pelos pais.

A vergonha de não corresponder ao ideal, que, na vida adulta, é determinado pelos valores que foram internalizados pelo indivíduo, pode ser um enorme obstáculo na vida. O envergonhado procura esconder sua própria vergonha e também a ausência dos atributos que valoriza. Ele evita as situações em que corre o risco de revelar o que acredita que são seus defeitos e, desse modo, deixa de viver experiências que podem ser fundamentais em sua vida.

O filme *Pergunte ao pó* (2005), baseado em livro homônimo de John Fante publicado em 1939, é um exemplo triste e mostra até que ponto a vergonha, o orgulho e o medo podem impedir e atrasar a busca de realizações importantes.

Nessa história, o escritor de origem italiana Arturo Bandini está em Los Angeles para compor um livro. Quer escrever sobre o amor, mas não tem inspiração, pois não tem experiência no assunto e não consegue se aproximar das mulheres, moças típicas americanas, porque elas não demonstram nenhum interesse por ele. Sua situação financeira é grave, uma vez que depende de sua escrita para sobreviver. Com fome, entra num bar para se alimentar usando suas últimas moedas. Lá dentro, depara com Camilla, uma linda garçonete mexicana pela qual se sente imediatamente atraído. Apesar da atração recíproca, eles se insultam e agem com orgulho para ocultar os sentimentos despertados. Camilla sofre por ser mexicana e viver num meio americano que, na época, era muito preconceituoso. Ela tem vergonha de sua origem e de não saber ler inglês, fato que procura esconder a qualquer custo. Bandini também tem seus traumas: durante sua infância, era constantemente humilhado pelos meninos americanos da vizinhança, que o chamavam de *seboso* pelo fato de ser de origem italiana. Esses acontecimentos motivaram sua escolha pela profissão de escritor, solução que permitia que ele se retirasse da rua e ficasse protegido dentro de casa. No primeiro encontro de Bandini com Camilla, ele a chama de *sebosa*.

Uma defesa muito usada contra a emergência da vergonha é projetar o que se considera desvalorizado em si mesmo sobre o outro, atacar e desviar o alvo livrando-se, momentaneamente, dos atributos sentidos como vergonhosos. Quando se percebe atraído e diminuído diante daquela mulher tão perfeita e com medo de ser rejeitado, Bandini dispara sobre ela o xingamento que o fez sofrer tanto durante a infância. A necessidade imperiosa de esconder os próprios sentimentos e a realidade pessoal sofrida, presente nos dois protagonistas da história, retarda o momento em que finalmente decidem assumir uma relação amorosa. Quando vencem os obstáculos, resolvem viver juntos numa casa na praia, isolados de tudo e de todos.

Um dia, Bandini convida Camilla para acompanhá-lo ao cinema da cidade. O medo toma conta dela, que não consegue enfrentar o mundo lá fora e vive escondida na cabana que dividem. Ela ainda sente vergonha de ser mexicana e acredita fortemente que Bandini se envergonhará de ser visto a seu lado. Eles vão, enfim, ao cinema e, logo após se sentarem na sala, uma americana típica levanta-se afrontosamente da cadeira ao lado e muda de lugar. Camilla não consegue suportar a vergonha e sai arrasada do cinema. Bandini a segue e eles discutem. Camilla tem certeza de que Bandini sentiu vergonha dela, rompe o relacionamento e parte. Tempos depois, quando se reencontram, ela está muito doente. É somente nesse momento que Bandini consegue vencer a sua própria vergonha, se abrir e contar as dificuldades que enfrentou por ser italiano e a origem do xingamento *sebosa* que usou contra ela na noite em que se conheceram. Reconhece o quanto sentiu falta de Camilla e a pede em casamento, mas, com a doença em estágio avançado, ela morre em seus braços.

Os dois se envergonham de sua origem e sua condição e reagem com orgulho, procurando esconder o sentimento de inferioridade que carregam dentro de si. A vergonha de revelarem suas dificuldades e o fato de que se consideram muito abaixo de seus ideais resultam no afastamento do casal. No final, essa demora impossibilita a realização de uma união extremamente desejada e que poderia, inclusive, ajudá-los a enfrentar o preconceito que ambos sofreram durante toda a vida.

15. A face moral: vergonha e culpa

A vergonha está intimamente ligada aos valores e aos ideais do indivíduo que a sente. Sentimos vergonha quando não possuímos os atributos que valorizamos, não agimos de acordo com os ideais que nos norteiam ou estamos muito distantes dos padrões com os quais nos comparamos. Esses valores e ideais podem ou não se relacionar com a moralidade. No seu aspecto positivo, a vergonha está ligada à manutenção da dignidade. Esta, por sua vez, aponta para um conjunto de valores que, uma vez acatado e observado pelo indivíduo, faz com que ele seja olhado com respeito pelos demais membros de sua comunidade. Entre esses valores, encontram-se os valores morais. Neste capítulo, pretendo me deter na face moral da vergonha e em sua relação com os valores morais. Nesse contexto, uma pessoa digna é aquela que respeita as regras morais da sociedade em que está inserida e tem uma conduta ética. Aqui, a vergonha funciona como uma força que impulsiona no sentido do pensar e do agir morais. Desde que eu tenha incorporadas as regras morais do meio social que me circunda, poderei sentir vergonha quando for visto agindo ou pensando fora dessa linha de conduta.

Ao considerar a vergonha sob essa perspectiva, percebemos que as fronteiras entre a vergonha e a culpa podem parecer um tanto confusas, pois ambas são sentimentos relacionados à moralidade e servem como reguladores sociais do comportamento humano. São sentimentos gerados pela autoconsciência e dependem da interiorização de valores. Podem ser antecipados, ou seja, podemos prever que sentiremos vergonha ou culpa em determinadas condições e, como consequência, podemos inibir as ações que as desencadeariam. Ambos os sentimentos podem aparecer antes ou depois de serem cometidas as ações reprováveis.

Apesar de todos os pontos de intersecção, a vergonha e a culpa são bastante diferentes. A vergonha aponta para uma falha na imagem do sujeito, como um defeito de fabricação. Já a culpa aponta para um ato humano ditado pela vontade e sempre relacionado a uma transgressão. A vergonha, mesmo quando aparece como resultado da exposição de uma transgressão, tem um caráter mais global: não é o ato em si que é julgado, mas a pessoa inteira.

A culpa é um sentimento que se refere à relação do indivíduo com os outros. A vergonha diz respeito à relação do indivíduo consigo mesmo, com sua imagem e com seu mundo interno. Culpa é o sentimento que emerge quando violamos alguma regra e isso incide diretamente sobre outra pessoa. Para prevenir esse sentimento, evitamos comportamentos que possam ferir os outros. A ideia de sentir vergonha, por sua vez, serve de barreira para atitudes que poderiam ter efeito nocivo sobre nossa própria imagem.

A culpa é resultado de um mal causado ao outro, é dirigida ao outro que foi lesado, na imaginação ou na realidade. Na vergonha, o mal causado é contra a própria pessoa, é sua imagem que foi atingida. Como a culpa é produto de uma ação, existe reparação, é possível consertar uma ação com outra que a anula ou corrige. A vergonha engloba o ser, a pessoa inteira, não há como consertar a imagem manchada. Uma vez que a falha foi revelada, não há mais jeito.

Culpa é o afeto que reflete a expansão do poder e a infração dos direitos dos outros. Vergonha é o afeto que acompanha a exposição de uma falha. A culpa limita a força, a vergonha recobre a fraqueza.[18]

Vergonha e culpa coexistem na maioria das pessoas, mas apontam para configurações psíquicas de naturezas muito diferentes. A vergonha diz respeito à imagem pessoal, ao ser do envergonhado, elementos que, na psicanálise, relacionamos ao narcisismo. Seu caráter destrutivo é bem maior que o da culpa, pois atinge a pessoa de modo global e absoluto. Já a culpa refere-se a algum aspecto da pessoa: um sentimento, um desejo ou uma ação. A pessoa sente-se culpada por ter um desejo proibido, por dirigir sua agressividade contra alguém ou por transgredir regras. Não é ela inteira que é errada, como no caso da vergonha, mas somente algo que ela fez ou pensou em fazer.

Quando sentimos vergonha, é como se todo o resto sumisse. Só existe o envergonhado e a sua vergonha, o vexame, momento em que tudo parece absoluto e terrível. Quando temos esse sentimento, a impressão é que nada mais existe e que nunca mais conseguiremos sair desse estado. Por esse motivo, o suicídio por vergonha pode ser mais bem compreendido.

Podemos reagir a uma mesma situação com vergonha ou com culpa, e o resultado disso para a pessoa é muito diferente. Vejamos um exemplo simples de ser compreendido: um estudante é pego colando numa prova. Diante desse fato, ele pode ter diversas reações. Pode, por exemplo, ficar bravo com o professor por ter feito

---

18 WURMSER, 1981.

uma prova tão difícil, o que o "obrigou" a ter esse comportamento. Nesse caso, o aluno nem entra em contato com sua falha moral; ele colou porque o professor não sabe fazer provas direito. A responsabilidade pelo fracasso é jogada sobre o outro, e o estudante não se compromete e se aliena. Essa atitude impede o desenvolvimento das responsabilidades pelo próprio comportamento. Outro aluno pode se sentir culpado por ter colado, enquanto um terceiro pode sentir vergonha por ter sido flagrado copiando as respostas. Essas últimas reações demonstram que esses estudantes se responsabilizaram pela sua ação e realizaram um exame de consciência para pensar na sua implicação em relação àquela transgressão. O culpado avalia seu comportamento e pode chegar à conclusão de que agiu mal. Essa ação resultou numa punição: receber nota zero. Para corrigir esse erro, ele terá de estudar mais e compensar a anulação da prova. O envergonhado, por sua vez, faz uma avaliação global de si mesmo. Ao ser punido, pensa que é desonesto, não é uma pessoa de valor, e agora todos, o professor e os seus colegas, vão perceber essa falha. Corrigir é muito mais trabalhoso, porque ele sente que é desqualificado.

16. Culturas da vergonha e culturas da culpa

Ruth Benedict, antropóloga americana, interessou-se em entender o funcionamento da sociedade japonesa e realizou uma pesquisa extensa sobre o assunto. Em 1946, publicou um livro, que se tornou referência no meio acadêmico, chamado *O crisântemo e a espada*. Nessa pesquisa, Benedict chegou à conclusão de que há sociedades em que o sentimento moral que predomina como regulador social do comportamento dos indivíduos é a vergonha e outras em que esse sentimento é a culpa. Às primeiras, cujo exemplo é o Japão, chamou de *culturas da vergonha*; às outras, representadas pelas sociedades ocidentais modernas, chamou de *culturas da culpa*.

As culturas da vergonha são sociedades tradicionalistas com estrutura altamente hierarquizada, nas quais os códigos de honra e os ideais ancestrais são usados como fonte fidedigna de medida para determinar a moralidade da ação de seus integrantes. Nessas sociedades, os indivíduos escolhem agir eticamente para preservar sua honra e sua dignidade, para não ter sua imagem manchada diante de seus pares. O sentimento de vergonha é intimamente ligado a ideais e valores relacionados à honra e aparece quando o ato desonroso é exposto ao olhar do outro; é um sentimento da ordem do público. Ela é tanto maior quanto maior for a importância dada a quem testemunhou o ato vexatório. Não há reparação possível para uma imagem desqualificada nem existe a possibilidade de compartilhar esse sentimento. O envergonhado teme não poder olhar mais nos olhos de seus semelhantes, pois todos se comportam de acordo com os mesmos ideais. Sua única saída é o isolamento e, em última instância, a escolha é pelo isolamento mais radical, a morte.

As culturas da culpa, por sua vez, são sociedades individualistas, como o são as sociedades ocidentais, cujo regulador do comportamento moral, a culpa, é internalizado. O sujeito age de acordo com as leis para não se sentir culpado. A culpa é emoção privada e não precisa do olhar do outro para ser sentida. Ela remete às leis abstratas que regem as condutas do homem em sociedade, e é em relação a essas leis que o indivíduo mede o grau de sua transgressão. Para a culpa existe punição. Ao pagar pela transgressão, a culpa pode ser expiada. Ela tem reparação por meio do arrependimento e do sofrimento e pode ser partilhada e aliviada.

O romance *O tenente Gustl* (1900), de Arthur Schnitzler, retrata o funcionamento das culturas da vergonha e mostra o papel da vergonha e da honra como reguladores do comportamento social. Esse livro é o primeiro monólogo interior escrito em língua alemã, o que nos possibilita acompanhar todos os pensamentos que passam pela cabeça de seu personagem principal, um tenente de 25 anos, durante o período de uma noite. Ao sair do teatro lotado, tentando pegar seu casaco, o tenente Gustl empurra o padeiro da cidade, sujeito grande e gordo. Reagindo ao empurrão, o padeiro vira-se irritado na direção do militar, ameaça-o verbal e fisicamente e coloca sua mão na bainha da espada de Gustl, dizendo que vai parti-la diante de todos, ato que era considerado do maior desagravo naquela sociedade de Viena no início do século XX. Como integrante do exército, estrutura altamente hierarquizada, o tenente segue regras rígidas de comportamento. Nesse tipo de organização, a honra é um valor altamente requisitado. Gustl não consegue reagir à ameaça do padeiro e sai do teatro atônito, temendo ter sido visto naquela situação degradante. Fica atordoado diante da ideia de que alguém possa ter testemunhado o que se passou ou de que o padeiro possa contar o que ocorreu para alguém. Desesperado, passa a noite com um turbilhão de pensamentos avassaladores. A única saída que encontra para essa vergonha é o suicídio.

O tenente procura, desesperadamente, alguma outra solução para o seu desespero, mas não encontra. Não é capaz de enfrentar a vergonha de olhar nos olhos de seus colegas e seus conterrâneos depois de ter sofrido uma ofensa à qual não pôde reagir. Ao final da noite terrível, depara com uma situação que o faz perceber que seu desagravo jamais foi e nem poderia ser revelado e, para seu grande alívio, pode continuar vivendo. Esse romance exemplifica o modo de funcionamento desse tipo de sociedade em que a vergonha opera a regulação do comportamento moral dos cidadãos. É preciso outro que compartilhe dos mesmos ideais e que seja testemunha daquilo que não é para ser visto. A desonra ocorre quando a falha se torna pública e a imagem da pessoa fica manchada sem possibilidade de reparação. No momento em que se perde a honra, a vergonha que se sente tem caráter tão mortífero que a única saída é causar a própria morte. Na ausência de testemunhas, a honra fica preservada, e o sujeito, livre da vergonha, pode continuar vivendo aliviado.

Para ilustrar o funcionamento moral nas culturas da culpa, relato brevemente o clássico de Dostoiévski *Crime e castigo*, publicado em 1866, que narra a história de um estudante russo,

Raskólnikov. O rapaz, que mora na cidade grande para estudar, está passando por uma situação financeira difícil, sem recursos para se sustentar e levar uma vida digna. Sua mãe, que o ajuda, também está quase sem dinheiro, e ele descobre que sua irmã está se preparando para casar com um homem que não ama a fim de salvar a situação financeira da família. Raskólnikov quer poupar a mãe e a irmã e percebe que poderia resolver seus problemas roubando uma senhora idosa usurária que vive de penhores e possui uma quantia suficiente para acalmar as suas necessidades. Planeja o crime e o executa. Rouba e mata a senhora e acaba precisando matar também a irmã dela, que chega à casa na hora do crime. Ninguém testemunha o assalto e outro homem é preso em seu lugar, mas Raskólnikov não consegue conviver com sua consciência. Sua culpa é muito intensa e, depois de muito sofrimento, ele se apresenta à polícia e confessa o assassinato. A obra termina com o personagem principal preso na Sibéria, arrependido e pedindo perdão.

Tanto a culpa como a vergonha são sentimentos que podem ser sentidos de forma muito aguda, mas apontam para diferentes resoluções.

17. Uma palavra sobre a corrupção: a vergonha, a culpa e o sem-vergonha

Em 2007, o suicídio de Matsuoka, ministro da Agricultura, Florestas e Pesca no Japão, foi noticiado em todo o mundo. Ele havia sido envolvido em escândalo por corrupção e malversação de fundos públicos. Como resultado da exposição de seu crime e com a honra manchada, suicidou-se. O suicídio[19] é uma alternativa a esse sofrimento por duas razões: a primeira, pelo fato de não haver possibilidade de recuperar a imagem pública e, como consequência, o indivíduo não poder mais ocupar qualquer lugar na comunidade; a segunda, porque essa é a única opção que permite algum tipo de resgate da honra perdida.

O corrupto das "culturas da culpa", quando descoberto, tem mais alternativas. Ele pode se redimir: pode pagar pelo seu erro

---

19 O *seppuku* ou *haraquiri*, como é conhecido no Ocidente, era o suicídio ritual praticado pelos samurais. Consistia em rasgar o ventre com uma faca, morte dolorosa e lenta que servia à finalidade de morrer com a honra de não ser capturado pelo inimigo.

com a prisão, ser obrigado a devolver o dinheiro a quem de direito ou prestar serviços comunitários. Ele é julgado pelo seu ato, e esse ato pode ser corrigido. Ele transgrediu os valores e as leis impostos pela sociedade e deve reparar o mal que causou.

Em países onde a corrupção é disseminada por todas as camadas do poder, notamos que os políticos não expressam nenhum sentimento de culpa ou de vergonha. Eles aparentam ser totalmente isentos de sentimentos morais a respeito de suas transgressões e, geralmente, são chamados de *sem-vergonha* pelos demais cidadãos. Para compreender o que acontece, podemos pensar que uma pessoa sente vergonha quando seus atos moralmente questionáveis são expostos publicamente e, como consequência, ela se sente rebaixada em relação aos ideais que compartilha com sua comunidade. Quanto maior o valor atribuído àqueles que verão as falhas, mais intensa será a vergonha sentida. Porém, quando a corrupção está presente nos mais diferentes escalões do poder, os atos individuais de corrupção são considerados normais naquele meio, e aquela conduta deixa de ser considerada vergonhosa quando vista a partir das referências do "sem-vergonha".

A corrupção é altamente associada à desonestidade. Será que esses políticos não se envergonhariam se aparecessem sob essa fachada diante de toda a população? De modo geral, as pessoas precisam e querem se ver honestas, e isso é comprovado por estudos realizados nessa área. Todos nós praticamos pequenos atos desonestos durante nossa vida e nem por isso nos consideramos desonestos. Se todos estacionam o carro em local proibido e isso é considerado normal, você também estacionará sem que isso arranhe sua imagem de honestidade. O mesmo vale para outras ações que permanecem impunes. Se você inventar uma boa desculpa para que um ato em desacordo com a lei seja considerado normal, você não se sentirá desonesto no caso de cometê-lo. Se, ainda, puder racionalizar seus motivos, achando que está fazendo um bem, ao estilo de Robin Hood, além de não se sentir desonesto, pode acabar acreditando que é um herói. Quando se passa a linha da desonestidade, perde-se o pudor, principalmente quando esse comportamento está disseminado entre os pares, pessoas com as quais nos medimos para estabelecer a qualidade de moralidade de nossos atos.

A propensão à desonestidade está presente em todas as pessoas. É comum sentir vontade de transgredir e conseguir pequenas vantagens. O que impede o indivíduo de cometer esse tipo de infração é o medo de ser punido ou a vergonha de ser flagrado cometendo um ato desonesto. A propensão à desonestidade aumenta quando a incorreção é aceitável no meio em que vivemos e a transgressão é insuficiente para arranhar nossa percepção de que somos honestos. Ou seja, as regras que ditam o comportamento moral variam de acordo com o indivíduo e a cultura vigente no meio social em que está inserido. O corrupto, que alguns consideram sem-vergonha, pode estar agindo de acordo com o código moral apropriado a seu ambiente social. Certamente, ele não será uma pessoa que não tem vergonha, mas seu padrão moral está deslocado para além daquilo que os cidadãos "normais" consideram um comportamento aceitável. Quando o nível de corrupção e impunidade atinge proporções muito altas, a situação fica ainda mais complexa, pois, além de viverem de acordo com um padrão moral discutível, muitos políticos se consideram acima da lei. E, sem lei, não há vergonha nem culpa.

18. Mundo contemporâneo: vergonha sem honra

Até meados do século XX (quando Freud desenvolveu suas teorias), a questão mais premente dos homens e o motivo para a produção de sintomas psíquicos, segundo o ponto de vista psicanalítico, era o conflito entre o desejo e a sua proibição, e as neuroses ocupavam o lugar central nos consultórios dos psicanalistas. A sociedade da época vitoriana possuía regras rígidas de comportamento e veiculava uma moralidade estrita. Os cidadãos deveriam exercer um grande controle sobre seus impulsos para se adequarem aos padrões. A luta que travavam entre a moralidade vigente, incorporada por eles, e os seus desejos era árdua, o que resultava em sintomas muitas vezes incapacitantes. As "histéricas" de Freud sofriam desse tipo de conflito neurótico.

Para exemplificar esse funcionamento, descrevo um caso apresentado pelo inventor da psicanálise: o caso Elisabeth. Elisabeth é uma jovem esperta e inteligente, terceira filha de uma família influente em Viena. Ela tem dores fortes nas pernas, não explicáveis por problemas orgânicos, e Freud começa a tratá-la procurando a relação entre suas dores e possíveis causas psíquicas. No decorrer do tratamento, fica evidente que Elisabeth sente atração por seu cunhado, casado com sua irmã. Mas esse interesse amoroso é totalmente contrário ao sentimento moral da jovem, que faz de tudo para afastar a ideia de sua mente, reprimindo o desejo. Enquanto isso acontece, uma dor que a moça havia sentido na perna, depois de um longo passeio realizado na companhia do cunhado, começa a se intensificar. A irmã, de quem Elisabeth gosta muito e é próxima, fica gravemente enferma e acaba morrendo. No funeral, um pensamento passa pela cabeça de Elisabeth: "Agora meu cunhado está livre, posso ficar com ele". Esse pensamento é muito perturbador e contrário a tudo em que acredita; imediatamente, ela rechaça essa ideia indesejável de sua cabeça. A partir desses acontecimentos, as dores nas pernas se intensificam e afetam sua vida de modo constante. O desejo da moça por seu cunhado e a proibição desse desejo, motivada por seus valores morais, resultam na neurose histérica e em sua consequência: o sintoma físico que a impede de andar atrás de seus desejos.

No mundo contemporâneo, temos mais liberdade para realizar nossos desejos, e as regras morais, incluindo aquelas relacionadas ao exercício da sexualidade, se afrouxaram. As neuroses ainda existem, mas não ocupam o lugar principal nos consultórios. Neste mundo, as aparências são as protagonistas e as pessoas precisam aparecer para ter um lugar em seu meio social.

Para isso, é preciso parecer eficiente, "descolado" ou possuidor dos atributos que são valorizados naquela circunstância e naquele grupo social. Dependendo do caso, é necessário ter aquela bolsa da grife mais em voga no momento, o carro da moda ou, de repente, não usar nada de marca. Até a cultura e o conhecimento podem ser usados como mercadoria cobiçada. Como se o mundo fosse uma superposição de espelhos, cada um precisa se sobressair para ser notado, exibindo os dotes materiais ou intelectuais necessários para suscitar a admiração e a captura do olhar de reconhecimento, sempre fugidio, de um outro que também não cessa de buscar o seu lugar. Paradoxalmente, cada um fica tão ocupado em existir para o outro que o outro quase deixa de existir.

Essa realidade acarreta patologias diferentes. As questões narcísicas e a depressão passam a prevalecer nos divãs dos psicanalistas. A angústia, que aparecia com mais frequência como resultado do conflito entre desejo e proibição, passa a se apresentar mais constantemente ligada à imagem que o indivíduo projeta para o mundo. Ela surge associada ao sentimento de insuficiência sempre que pensamos que não conseguimos atingir o padrão de eficiência que imaginamos que os outros esperam de nós.

Nesse tipo de configuração psíquica, a vergonha ocupa lugar central. Não se trata mais da vergonha ligada à honra, que era perdida como consequência de algum acontecimento desmoralizante. Aqui, a vergonha é decorrente da sensação de insuficiência e inadequação diante dos ideais internalizados pelo sujeito. É por meio desses ideais que ele mede seu valor em relação às figuras importantes e significativas de seu meio social.

O filme francês *A agenda* (2001) ilustra esse ponto. O personagem principal dessa narrativa é Vincent, um pai de família. As primeiras imagens do filme retratam Vincent sempre próximo de seu carro, comendo, dirigindo, dormindo, sem rumo e sem direção, o que contrasta com o modo como se comporta em casa, quando age de acordo com o que se espera de um homem provedor e trabalhador. O contraste provoca no espectador uma estranheza e certa angústia. Aos poucos, percebe-se que Vincent está desempregado e que ele esconde esse fato de sua família. Passa os dias no carro fingindo que está no trabalho, com ausências cada vez mais prolongadas, provavelmente para evitar o contato com sua mulher e seus filhos e manter a mentira por mais tempo. Também evita seu pai, figura de autoridade que funciona como modelo e a cujas expectativas Vincent, evidentemente, procura corresponder. Todos mostram confiança na capacidade de Vincent e consideração por ele, que, por sua vez, precisa inventar mais mentiras para continuar alimentando a imagem de eficiência.

Ele anuncia que ocupará um cargo importante na ONU, fato do qual todos se orgulham e comemoram com festa. Nas suas andanças, entra nos prédios da ONU e de empresas importantes, fingindo até para ele mesmo estar vivendo a vida que diz, mas a cada dia fica mais difícil manter a farsa. Contar a verdade, decepcionar sua mulher e seu pai e confessar que não é o que acreditam são ideias inconcebíveis para Vincent. Apesar de a palavra *vergonha* não ser mencionada no filme, ela está subentendida durante todo o enredo, e podemos perceber como o personagem está tomado por esse sentimento: tem vergonha de não corresponder à imagem idealizada, vergonha de confessar que não é o profissional que gostaria de ser e que imagina que esperam que ele seja, vergonha de ter sido demitido.

Em determinado momento, ele encontra um homem que percebe a fraude e, finalmente, pode conversar sobre o assunto, enfrentando sua vergonha. Mas não consegue enfrentar a própria família. Confrontado por sua mulher, que descobre a verdade, não aguenta conviver com a degradação de sua imagem. Apesar das demonstrações de aceitação e das ofertas de ajuda, Vincent não consegue encarar a dura realidade. A exigência e a expectativa em relação ao seu desempenho são internas e ele foge.

Vincent pode ser considerado o retrato caricato do personagem relativamente comum que habita nosso mundo contemporâneo. Ele não é o que pensa que deveria ser, modelo de eficiência, homem de negócios brilhante e importante. O que idealiza para si é muito distante do que pode realizar. Na impossibilidade de encarar seu fracasso, só lhe resta fugir.

A falência da imagem ideal é um dos grandes motivos que leva à depressão na forma que ela se apresenta na atualidade. As pessoas têm muita dificuldade de confrontar-se com seus limites e, simplesmente, aceitar o que são. Nesse mundo que prega a autonomia e a competência individuais, a ideia de que cada um é o único responsável por seus projetos e por seu crescimento pessoal favorece o recrudescimento e a tirania do ideal.

Precisamos ter iniciativa, realizar grandes conquistas. Em vez da proibição de realização dos desejos, temos de experimentar tudo, viver todo tipo de experiência, não ter limites. Todos precisam fazer sexo, ter muitos parceiros, experimentar drogas, fazer loucuras. Tudo é permitido, desde que você consiga realizá-lo – aliás, mais que permitido, quase obrigatório. E, se você não consegue, o problema é você mesmo, sua ineficiência, sua incapacidade. As pessoas, diante de seus fracassos, sentem-se sozinhas e impotentes e se deprimem.

Segundo o jornal *The New York Times*,[20] o número de suicídios entre jovens americanos vem aumentando perceptivelmente ao longo dos últimos anos. A busca pela perfeição, a necessidade de estar sempre bem e a ideia de que não se pode falhar são aspectos compartilhados pelos jovens, que não têm mais onde nem com quem conversar sobre erros e fracassos. A universidade americana

---

20 SCELFO, 2015.

Duke chocou o mundo acadêmico há alguns anos com um relatório que descreve a pressão sofrida pelas estudantes para parecerem "perfeitas sem esforço": espertas, resolvidas, em forma, bonitas e populares – tudo isso sem demonstrar qualquer esforço visível. Em Stanford, isso é chamado de *síndrome do pato*: um pato parece deslizar calmamente pela água, enquanto, abaixo da superfície, ele rema frenética e implacavelmente.

Essas questões não estão circunscritas somente às universidades americanas. Hoje, o mundo das redes sociais aponta para essa mesma direção: tudo parece muito fácil para os outros, que aparentam ter uma vida perfeita naturalmente. Ninguém mais expõe suas dificuldades, seus problemas, seu esforço para atingir os objetivos. Não se pode mais tropeçar ou aprender com os erros – é preciso ter sucesso e ponto. Isso produz indivíduos que não conseguem lidar com o fracasso. Se eu não estou bem e feliz, sinto que sou o único a viver nesta situação de penúria.

Quando se chega a esse patamar, o sujeito se sente só e desamparado. O problema se torna maior e mais perigoso quando a pessoa que se sente inferior começa a ter sentimentos de vergonha. Vergonha é o sentimento que a pessoa tem de ser defeituosa ou, em outras palavras, de não ser boa o suficiente. Neste ponto, a pessoa não pensa que não está indo bem, mas que ela não é boa. Em vez de pensar que falhou em alguma coisa, ela pensa que é um fracasso. O que entra em jogo nesse tipo de vivência é uma avaliação global de valor próprio que não deixa espaço para mudança. É a partir desse tipo de pensamento que a ideia do suicídio aparece como solução.

19. A vergonha e o mundo virtual

No mundo contemporâneo, a exposição pessoal não só é desejada, mas pode se tornar uma necessidade para existir no mundo. Para muitos, não basta viver uma experiência na intimidade: é preciso publicá-la para que adquira caráter de existência.

> *Vera relata a experiência de ter participado de uma festa de aniversário sem graça, com música ruim e sem animação. A dona da festa não havia se preocupado com nenhum detalhe nem demonstrou aborrecimento algum em relação ao fracasso do evento e ao clima de desânimo. Pelo contrário, ela passou o tempo todo reunindo pequenos grupos para ser fotografada com seus convidados. Sua página na rede social ficou cheia de fotos de pessoas felizes, e a festa, vista a partir das fotos postadas, parecia o evento mais animado do planeta. Vera ficou surpresa com o contraste.*

Essa é uma situação-limite que retrata, de maneira inequívoca, a ideia de que a imagem exibida é mais importante que a própria experiência, que pode chegar ao ponto de nem ao menos ser vivenciada pelo sujeito enquanto ela ocorre. Além disso, o sujeito pode controlar quais os aspectos que deseja veicular e quais as imagens que usará para atingir esse objetivo.

O uso da tecnologia possibilita relacionamentos sem a presença concreta do corpo. Na ausência do constrangimento natural da presença do olhar, a vergonha diminui e a sensação de liberdade aumenta. É inevitável agirmos de modo diferente nos momentos em que estamos sozinhos e quando sabemos que estamos sendo observados. A diferença de postura não se relaciona somente com a existência ou não da vergonha; o simples fato de termos consciência do olhar do outro já produz uma alteração: ficamos mais atentos àquilo que podemos ou queremos mostrar e perdemos a naturalidade própria da ausência da autoconsciência. Apesar de podermos sentir vergonha mesmo quando estamos sós, a situação virtual favorece o sentimento de liberdade em relação ao olhar do outro. A imaginação ganha mais espaço: é possível inventar personagens, tentar outras formas de relação e, inclusive, experimentar ser mais verdadeiro, testando nossos limites e os limites dos outros e expondo desejos proibidos.

Alguns realmente se beneficiam dessa oportunidade: percebem que podem ser mais autênticos, encontram pessoas para compartilhar experiências, desejos e fantasias e notam que não são tão estranhos ou únicos como pensavam. Outros conseguem vencer medos e ultrapassar rígidas barreiras sustentadas pela vergonha. Outros, ainda, experimentam novas formas de relação, novos gostos e gestos que não ousariam expor por vergonha e medo de serem rejeitados; inventam nomes e apelidos e partem pelo mundo do anonimato para viver suas fantasias mais loucas.

Mas não é só de felicidade que vive o mundo virtual. Na solidão do quarto e com a cabeça cheia de imagens, os sentimentos de onipotência e as ideias de invulnerabilidade ganham espaço. Muitos se expõem de um modo que não ousariam fazer fora da realidade virtual: testam sua força e sua coragem, desafiam as regras, querem mostrar que podem tudo. Outros, no desejo de agradar, rendem-se a pedidos de amigos ou do namorado.

As pessoas compartilham uma quantidade muito grande de informação via internet. A tecnologia permite produzir dados com muita rapidez e pouca ou nenhuma mediação de terceiros. Imaginem o que era preciso para mostrar uma foto há poucas décadas: comprar o filme, a máquina, fotografar, levar para revelar, esperar o tempo da revelação, enfrentar o balconista da loja que deve ter visto sua pose, ver se a foto saiu boa e, finalmente, marcar um encontro com a pessoa para a qual você quer mostrar a foto e aguardar a hora do encontro, ou enviar o resultado de todo esse percurso para o destinatário. O processo criava diversos obstáculos entre o desejo de ter a foto e a sua realização. Havia tempo para questionar o ato, tempo para ver se o impulso momentâneo se transformava mesmo em desejo de compartilhar. Hoje, pego o celular, tiro a foto, que vejo imediatamente na tela, e, com mais um clique, já compartilho com quantas pessoas eu quiser, em qualquer lugar do mundo. Quando você vê, sem nem pensar, já está lá.

Agora, a foto que acabei de tirar já pode estar circulando pelo mundo virtual. Eu escolho para quem quero enviar, mas, logo após o envio, não tenho mais nenhum controle sobre o que será feito com ela. De repente, você acorda e sua privacidade está exposta, você nem sabe mais para quem ou quantos, e a imagem pode ficar acessível indefinidamente. Para piorar, sua imagem pode ser utilizada para a produção de outras imagens, com resultados mais chocantes ou degradantes. Cansamos de ver casos como esses na mídia e os estragos que podem causar. Não há maior vergonha que esse tipo de exposição.

Muitas adolescentes param de frequentar a escola porque não conseguem aguentar a pressão que sofrem depois de um evento como esse. Além da vergonha, sentem-se humilhadas e maltratadas. Nos casos mais graves, a vergonha pode ser tão avassaladora que a pessoa pensa em se matar e, algumas vezes, realmente comete suicídio. Mas não precisamos ir tão longe. A pose erótica mandada para o namorado pode parar na mão de todos os meninos da classe. Uma pose adequada num certo contexto torna-se motivo de humilhação e vergonha quando fora dele. Esse tipo de experiência nos ajuda a pensar na importância da vergonha, que funciona, em grande medida, como proteção para os indivíduos, pois é uma barreira que regula a qualidade da exposição de nossa intimidade.

Isso vale para ideias e qualquer tipo de informação compartilhada em rede. É difícil ter a real noção de quantas pessoas podem ter acesso a nossas informações e como lerão o que postamos. Uma ideia fora de contexto pode ter um milhão de interpretações. E quando algo se torna viral, adeus, não há mais jeito de controlar os efeitos. Quando estamos diante de um grupo e começamos a falar alguma coisa que não tem uma boa repercussão, percebemos pela reação das pessoas que não estamos agradando. Podemos nos calar ou mudar o rumo de nossa fala. Esse retorno não acontece imediatamente na rede. Podemos pensar que estamos agradando e, somente mais tarde, perceber o desastre. A vergonha é um meio de controle social. Sentimos vergonha de cometer uma gafe e regulamos nossas ações e nossas palavras, medindo a temperatura do efeito que podem ter, para evitar esse sofrimento.

Há pessoas que não se cansam de expor sua vida nas redes sociais. O limite entre o público e o privado fica borrado; alguns perdem a noção e anunciam detalhes de seu cotidiano. A exposição nas redes passa a ser uma necessidade e cria-se uma espécie de vício: a pessoa depende da aprovação do público virtual para se sentir bem. E, se não tem a aprovação esperada, sente-se excluída e miserável. Os sentimentos pessoais de maior ou menor valor próprio oscilam de acordo com o número de amigos, seguidores, curtidas e comentários.

O mundo virtual também funciona como um espaço para os exibicionistas, que encontram um público cativo e potencialmente sempre presente para testemunhar suas peripécias individuais. Mas é raríssimo vermos nas redes a exibição de qualquer coisa que não seja beleza, sucesso, rostos felizes. Não expomos nada de que possamos nos envergonhar.

Ainda existe outra tribo que se aproveita do mundo virtual para aparecer. Os índices de audiência dos programas ao estilo Big Brother são altíssimos, assim como são altos os números dos que almejam participar desses espetáculos. Muita gente exibe seu corpo e revela sua intimidade para ter os seus cinco minutos de fama: os participantes dos *reality shows*, que expõem tudo, de pensamentos íntimos a contatos sexuais; a aspirante a atriz que (ops!) deixa o biquíni cair, expondo os seios no mar, e (puxa!), bem na hora, aparece alguém para fotografar. Será que essas pessoas não sentem vergonha? Talvez não a sintam do corpo desnudo ou dos pensamentos íntimos, que escolheram ativamente mostrar. Mas podem sentir de seu passado, de sua origem, do cabelo naturalmente crespo, mas que aparece sempre muito bem alisado acima dos seios desnudos. Muitos esculpem sua imagem para que não tenha nenhuma imperfeição. A vergonha é fruto da exposição involuntária, da revelação acidental de algo que não era para ser visto.

20. A defesa contra a vergonha: o encobrimento

O marido de Marcela convidou-a para acompanhá-lo na comemoração do aniversário de seu chefe. O chefe dá festas bem animadas, mas ela não quer ir de jeito nenhum. Na festa do ano passado, quando estava alcoolizada, dançou de modo particularmente sensual. Para ela, era normal – ela costuma brincar assim muitas vezes quando está entre amigos. Mas, no dia seguinte, ficou sabendo de comentários de alguns colegas de seu marido a respeito de sua dança e de como fora julgada inadequada por apresentar esse comportamento diante de pessoas que pertencem ao ambiente de trabalho dele. Sentiu-se arrasada e ficou envergonhada por muito tempo. Foi o seu maior vexame desde que se entende por gente. Hoje, só de pensar em voltar àquele local, o sentimento de mal--estar e o vexame sofrido retornam com a mesma intensidade com que foram vivenciados há um ano.

A ferida que resulta de uma vivência intensa de vergonha não cicatriza. A experiência não pode ser esquecida e é conservada congelada. O simples fato de lembrar-se do acontecimento faz reviver com a mesma intensidade toda a dor e a vergonha sentidas originalmente. A vivência fica gravada no corpo e na alma. No corpo, porque o enrubescimento, o suor, os tremores – os sinais visíveis da vergonha – são marcas que se inscrevem nele e, ao mesmo tempo, revelam o interior da pessoa, sem que ela possa ter controle. Na alma, porque o sentimento intenso de desvalorização afeta fortemente a autoestima. Essa dupla inserção no corpo e na alma traumatiza, e sua potência persiste durante longo tempo.

Como a vivência da vergonha não pode ser esquecida, a pessoa evita entrar em contato com tudo o que pode lembrá-la, para não reviver o sofrimento. Já vimos, anteriormente, casos como o daquelas adolescentes que deixam de frequentar a escola após um episódio em que sentiram muita vergonha ou (situação relatada com frequência) o daqueles que não conseguem encarar sua turma de amigos depois de uma bebedeira na balada, durante a qual agiram de um modo que consideram inadequado. Além de evitar o encontro com pessoas que testemunharam a cena degradante, o envergonhado evita entrar em contato com sua própria dor e todas as vivências que a acompanharam.

Há casos em que o sofrimento é muito intenso e a pessoa não tem meios para lidar com a situação. A vergonha não se refere a um acontecimento específico, mas aponta para uma constelação maior e atinge mais profundamente a pessoa como um todo. Para evitar o sofrimento, o indivíduo pode utilizar uma defesa mais radical, que consiste em realizar uma espécie de corte que produz o afastamento de todos os pensamentos, as ideias e os sentimentos que se relacionam com aquela dor.

Fabio, adolescente de 13 anos, sofre de vergonha, sempre presente em sua vida nas diversas situações do dia a dia. Adotado ao nascer, carrega uma diferença racial com os pais adotivos. Não há como esconder sua realidade. Quando era pequeno, o fato de ser adotado era tratado com naturalidade, e ele não demonstrava ter qualquer problema em relação a isso. A partir de certa idade, passou a não querer mais falar que era adotado, chegando, inclusive, a andar afastado dos pais na rua. Hoje, tem vergonha de qualquer dificuldade e evita se expor nas situações que possam mostrar qualquer tipo de falha. Não pode revelar nenhuma imperfeição. Até os coringas, no jogo de baralho, ele odeia, não gosta de canastra "suja".

Para se esquivar do contato com sua realidade, ele simplesmente "cortou" fora de si aspectos fundamentais de sua existência, sua história, sua origem e sua raça. Ele sabe que é adotado e diferente de sua família, mas é um conhecimento que fica isolado, ele não leva esses dados em consideração nem chega perto da possibilidade de pensar nas implicações de tudo isso em sua vida. Para Fabio, parece que essas características estão por lá, em algum lugar, mas ele vive como se elas não existissem. A fim de conseguir realizar esse tipo de negação, ele também cortou sua possibilidade de pensar. Seu desempenho na escola deixa muito a desejar e ele não consegue aprender. Pensar implica entrar em contato e ver a realidade que não consegue encarar e que é fonte de intenso sofrimento.

Casos como o de Fabio ilustram o que pode acontecer quando a imagem que o sujeito tem de si é muito distante da imagem ideal, daquilo que ele gostaria de ser. É como se o sujeito sentisse que tem um "defeito de fabricação". Como resultado, ele sente vergonha. Um jeito possível usado para não sofrer demais é produzir esse corte, a negação de toda a sua realidade, e, assim, tornar sua ferida inacessível. Tudo o que se relaciona a essa realidade fica fora de seu alcance e, consequentemente, dos que lhe são próximos, impedindo que suas questões vitais sejam trabalhadas, pensadas e elaboradas.

Esse tipo de defesa provoca uma espécie de desligamento. Há casos em que a pessoa se separa de tal modo da vivência que sente como se não tivesse sido ela quem a viveu. "Enterra" tudo o que se relaciona à experiência, que fica totalmente indisponível para a própria pessoa. No caso de Fabio, para conseguir sucesso na defesa, foi necessário que ele não pudesse pensar. Tanto a experiência como um aspecto da personalidade, o uso pleno de sua cabeça, ficam indisponíveis.

Em outros casos, a forma de defesa utilizada é o congelamento. O sujeito consegue se lembrar do trauma, mas não sente nada, bloqueia os sentimentos e não há como elaborar a situação. A vida continua, mas com a sensação de um vazio que traduz a ausência afetiva.

As vivências de vergonha nem sempre chegam a esse nível de gravidade, mas têm seu caráter traumático. O núcleo vergonhoso fica dentro, encapsulado no interior da pessoa, que constrói camadas em volta daquela ferida, como um curativo. A fim de evitar a dor, é preciso desenvolver estratégias para não entrar em contato com nada que desperte os sentimentos dolorosos. Só de ouvir falar na festa do chefe do marido, Marcela já se sente mal e revive seu vexame. Não pode voltar ao local com medo de sentir todo o mal-estar novamente.

Na impossibilidade de ser reprimida e esquecida, a saída encontrada para a vergonha é o encobrimento. Ela suscita no envergonhado a reação de esconder qualquer coisa que lembre o motivo de vergonha, seja um acontecimento, seja uma característica física, seja uma qualidade específica, seja uma situação em que alguma falha pode ser revelada. A vergonha leva ao movimento de esconder e à existência de segredos.

Na minha experiência clínica com crianças e jovens que sofrem com sentimentos de vergonha, fica evidente que o envergonhado mantém esse sentimento escondido. Como, em geral, são os pais que procuram terapia para os filhos e que apresentam as questões para o psicanalista, eles relatam o quanto os filhos sofrem com a vergonha e com as limitações em suas vidas decorrentes dela. Os filhos, por sua vez, raramente se referem a essa questão de modo explícito. Simplesmente não falam sobre isso. A vergonha e os motivos que a provocam ficam, às vezes, longos períodos sem aparecer nos tratamentos. É por meio de uma escuta atenta que conseguimos ter acesso à vergonha e a seus efeitos, e é preciso ter um olhar apurado para perceber a vergonha e os impedimentos que ela provoca durante os encontros com o psicanalista.

No geral, crianças ou adultos, as pessoas evitam falar sobre esse tipo de vivência, pois, por um lado, sentem vergonha de ter vergonha e, por outro, o fato de contar o acontecimento ou falar de suas vergonhas faz com que ela seja vivida novamente na presença do psicanalista ou de outro interlocutor.

Há casos em que podem se passar anos até que o paciente adquira a confiança necessária no terapeuta para poder se abrir. As situações de abuso são um exemplo dramático disso. Pessoas vítimas de abuso na infância ou na adolescência têm muita dificuldade de expor o que lhes aconteceu. Essa dificuldade aumenta quando o abuso foi acompanhado por qualquer espécie de prazer, o que não é raro ocorrer. A pessoa se esforça para esquecer e não ativar as lembranças, como defesa contra a possibilidade de reviver os sentimentos intensos. Quando os eventos traumáticos não podem ser evocados nem na lembrança, é possível que se desenvolvam sintomas incapacitantes, que impedem a pessoa de levar uma vida mais saudável. Além disso, uma reação que ocorre com certa frequência é a pessoa que sofreu o abuso passivamente abusar de outros e ser ativa. Essa é uma das formas utilizadas por nós, seres humanos, para tentar superar o trauma: ao trocar de posição, experimentamos outro lugar na cena em que não ficamos tão desamparados, um lugar em que podemos sentir que temos mais controle sobre os acontecimentos. Isso também pode gerar mais vergonha: vergonha por ter sido abusado, mas também por ter abusado ativamente de outros e, mais ainda, por ter sentido qualquer espécie de prazer.

Para evitar o sentimento de vergonha, é comum famílias inteiras guardarem segredo sobre certos eventos, tais como um filho nascido de pai desconhecido ou a ocorrência de violência doméstica. Todos os membros da família se unem para preservar a imagem comum e ocultar o fato vergonhoso. Quando isso acontece, pode-se passar uma vida inteira com a dor guardada dentro de si, sem possibilidade de ser elaborada.

A existência de segredos familiares inconfessáveis, por si só, não produz patologias. Segredos são sempre encontrados dentro das famílias e até servem para delimitar suas fronteiras com a comunidade. Porém, sob determinadas condições, os efeitos dos segredos familiares que atravessam gerações podem se agravar com o tempo e se tornar devastadores. Isso ocorre nos casos em que há um trabalho de desligamento psíquico: o segredo não é relatado às gerações subsequentes, mas, de alguma forma, é transmitido pela via negativa, como um buraco na memória, que se manifesta como um vírus de informática. O segredo nem sequer mencionado se transforma na ideia angustiante de que existem coisas que não encontram lugar de sentido na tessitura da história familiar.[21]

A vergonha se torna um problema mais grave quando o movimento de esconder é muito intenso, quando as defesas usadas contra aquilo que envergonha são tão radicais que impedem o contato do próprio sujeito com aspectos fundamentais de sua vida e de sua identidade. Quando isso ocorre, o esconderijo pode se tornar tão grande que nem se percebe que existe algo sendo escondido.

O encobrimento da vergonha se propaga como uma onda no meio em que a pessoa está inserida, porque a vergonha é um afeto contagiante: sentimos vergonha da vergonha de alguém, sentimos vergonha pela pessoa que está exposta, sentimos vergonha pela pessoa que cai numa situação de ridículo. Quando sentimos essa vergonha pelo outro, a resposta automática é desviar o olhar, fingir que não viu, evitar o constrangimento. Alguns superam essa reação rapidamente e olham novamente, riem e fazem chacota. Afinal, é sempre um alívio não ser eu aquele que cometeu a gafe. Mas é comum que todos evitem falar sobre aquilo e, junto com o envergonhado, escondam a vergonha que foi deflagrada.

---

21 BENGHOZI, 2010.

21. O que fazer?

A reação mais espontânea e natural quando sentimos vergonha é procurar ocultá-la. Do boletim ruim à espinha no nariz, de uma origem menos privilegiada ao fato de não corresponder ao ideal construído ao longo da vida, os motivos para se envergonhar são variados e refletem o valor que a pessoa dá a esses atributos. Ao encobrir e não deixar transparecer aquilo que vê como um "defeito", o envergonhado sofre sozinho. Ele evita conversar e expor seus sentimentos e perde a oportunidade de desenvolver suas ideias, verificar seu impacto sobre os outros ou testar suas fantasias na vida real para ver o que acontece. No momento da vergonha, o mundo inteiro se resume àquele único aspecto, amplificado pela lente de aumento da crítica e da vivência da diferença sentida como imperfeição. O resto do mundo fica distante e a pessoa, sentindo-se impotente, paralisa. É como se ela inteira se reduzisse àquela espinha, àquela mancha, à nota baixa ou ao vexame do dia anterior. O tempo para e a vergonha parece eterna.

Uma pessoa que leva um tombo ou esbarra em algum objeto pode tentar disfarçar ao máximo, fingir que nada aconteceu e correr daquela situação, mas pode também dar risada, comentar que foi desastrado e aliviar a tensão que foi gerada dentro dela mesma e dos que assistiram à cena. Muita gente usa técnicas de humor para falar em público e cativar a plateia. Fazer piada sobre a própria vergonha também alivia: brincar com a vergonha de sentir vergonha e, com isso, assumir e revelar a sua condição ajuda a deixar de ser refém desse sentimento e do medo de que os outros percebam.

Marcela acabou indo à festa do chefe do marido em virtude da insistência dele. Apesar do constrangimento inicial, ela pôde conversar com os colegas do trabalho dele e imprimir uma nova imagem sobre eles. Ao conhecê-los melhor, aqueles olhares acusatórios que haviam permanecido dentro dela se desvaneceram e, apesar de a vergonha ainda doer quando se lembra da primeira situação, a intensidade do sofrimento diminuiu. O fato de enfrentar em vez de se esconder pode diminuir e atenuar os efeitos da vergonha.

Às vezes, dá vergonha de contar alguma coisa porque sabemos que aquilo não é nada admirável. Mas, se admitimos que sentimos vergonha, fica mais fácil confessar o sentimento ou o pensamento. Sentir vergonha mostra que temos discernimento e compreendemos que o nosso comportamento pode ser julgado condenável, e isso, por si só, já nos torna mais dignos e merecedores de consideração.

No entanto, nem toda vergonha pode ser resolvida com humor ou com a decisão de enfrentá-la. Alguns casos são muito complexos, como o de Fabio, o menino adotado de quem eu falava no capítulo anterior. Suas defesas se tornaram tão intensas e sua realidade foi tão radicalmente afastada que ele perdeu o acesso a tudo aquilo que foi excluído. Ele precisa de ajuda para entrar em contato com o que ficou "cortado" para fora de si. Ele não tinha a menor possibilidade de lidar com todas as implicações de sua história na época em que a defesa foi utilizada. É necessário que ele, em primeiro lugar, possa desenvolver a capacidade de aguentar o impacto de sua realidade para, posteriormente, conseguir entrar em contato com toda a sua condição, entender sua origem e seguir adiante mais integrado, carregando seus recursos, suas qualidades e suas dores pela vida afora.

A matéria do *New York Times* antes citada, sobre o aumento no número de suicídios entre jovens americanos, relata o caso de uma jovem que exemplifica como o comportamento encobridor da vergonha leva a um lugar sem saída. Kathryn, que foi sempre considerada excelente aluna e ótima nos esportes, quando entra na universidade, depara com muitos outros estudantes tão bons ou melhores que ela. Sua confiança em si mesma diminui sensivelmente e ela passa a se comparar com os outros. Não tem uma vida social e amorosa tão ativa, teme não conseguir tirar a nota máxima em suas provas e, para piorar, percebe que se sente atraída por mulheres, o que contraria a imagem ideal de si que compartilha com seus pais. Depois do suicídio de uma colega, fato que a surpreende muito, porque não tinha noção de sua infelicidade, começa a alimentar o pensamento de tirar a própria vida. Não consegue suportar a ideia do fracasso, de não corresponder ao ideal criado desde sua infância, e escreve bilhetes suicidas.

Kathryn é salva da tentativa de suicídio por uma colega de quarto que percebe sua intenção e avisa as autoridades da universidade, que oferecem ajuda. Ela começa uma terapia e faz uma revisão de seus objetivos. Repensa seus ideais e se propõe a realizar metas mais realistas e próximas da pessoa que ela realmente é. No momento em que enfrenta sua condição, Kathryn consegue se libertar da vergonha e relativiza aqueles ideais pelos quais se norteou durante a vida. Não precisa mais se esconder, fingir ser outra pessoa e perseguir objetivos que, no fundo, não deseja. Ao enfrentar sua vergonha e expor o que mantinha escondido, ela pôde viver a sua própria vida.

Muitas vezes, somos nós que alimentamos nossa própria vergonha, porque perseguimos ideais inatingíveis ou pensamos que precisamos parecer o que não somos. Por que, em vez de ficarmos presos a esse sofrimento, não podemos simplesmente repensar esses ideais? Em geral, eles são idealizações construídas desde a infância e não necessariamente encontram suporte na realidade. Vale a pena reexaminar nossos objetivos, as expectativas que os outros têm sobre nós e o que pensamos que devemos conquistar. Quanto mais pudermos aceitar nossa natureza, conhecer o que realmente nos mobiliza e atrai na vida e nos orientar em direção à conquista de objetivos que estejam mais próximos da nossa realidade, mais poderemos encontrar satisfação. E a vergonha de não ser o que pensamos que devemos ser poderá ter menos importância e presença em nossa vida.

Quando procuramos nos nortear por desejos e aspirações presentes em nosso meio familiar ou social, ideais que até podem parecer muito atraentes, mas não encontram pontos de ancoragem na nossa realidade, a probabilidade de não conseguirmos atingi-los é muito grande e aumenta nossa chance de nos defrontarmos com o sofrimento e com a vergonha.

Por outro lado, não é fácil rever os ideais, flexibilizar as exigências e aceitar as fraquezas. Algumas pessoas conseguem mudar e rever suas metas sozinhas ou depois que alguma coisa na vida lhes mostra que o caminho que estavam seguindo não leva a lugar nenhum. Outras precisam de ajuda especializada para conseguir enxergar melhor o que as torna infelizes e por que sentem vergonha de ser o que são. Os ideais que nos guiam nem sempre são claros para nós.

Marcio sofre muito porque não consegue se concentrar nos estudos e suas notas são sempre inferiores às que ele gostaria de tirar. Sente vergonha de ser tão desconcentrado e sempre esconde o boletim, não o mostra para ninguém. Fica muito triste consigo mesmo e não consegue decidir que carreira deve seguir, agora que o vestibular se aproxima e ele precisa fazer sua escolha. Ele é uma pessoa alegre, cheia de amigos, muito sensível e afetiva. Adora esportes e tem uma aptidão especial para música e violino. Seu som é muito elogiado, e ele não mede esforços quando se trata de decorar uma partitura e aprender a tocá-la. Quando se trata de música, tem toda a concentração do mundo. Mas não consegue dar valor a nada disso, pois considera uma grande fraqueza de sua personalidade não conseguir se concentrar no estudo das matérias convencionais, principalmente da matemática. Ele se envergonha e sofre tanto com esse sentimento que, quando chega o final de semana, precisa de um dia inteiro de descanso sozinho em seu quarto longe dos olhares de qualquer pessoa. Em seu caso, o fato de ter dificuldade em matemática tem valor especial, porque isso o impede de seguir a carreira tradicional da sua família, a engenharia. Apesar de ter visitado obras desde pequeno acompanhando o pai e o avô, realmente não tem vocação para isso e, no fundo, não tem nenhuma vontade de fazer parte do ramo da construção. Quanto ao violino, apesar da pouca experiência, já consegue executar peças dificílimas que exigem grande habilidade. Mas a vergonha de não conseguir se sobressair nas áreas que ele considera mais importantes ofusca suas aquisições na música. Marcio precisa fazer uma reavaliação de seus objetivos e rever todas as crenças que nortearam sua

> *vida até hoje para fazer caber aquilo que realmente o interessa e para o que demonstra possuir capacidade. Perseguir o ideal de ser engenheiro só porque é o que "deve" fazer pode deixá-lo infeliz, pois não tem nada a ver com suas reais inclinações.*

A vergonha nem sempre aparece de forma direta, e é preciso identificar seus diferentes disfarces para que se possa lidar com ela. A arrogância, a solicitude extrema e o isolamento podem ser formas de lidar com esse sentimento, formas que escondem a vergonha por trás de uma máscara e que dificultam o processo de enfrentá-la.

O problema com a vergonha é esse comportamento quase instintivo de ocultá-la. Mas e se procurarmos fazer o inverso? O aparecimento da vergonha é uma oportunidade para nos conhecermos melhor. O que será que está sendo revelado e que me causou esse sentimento? Por que corei exatamente neste momento?

Prestar atenção a esses sinais e não simplesmente se render a eles, poder receber a vergonha sem imediatamente tentar escondê-la, considerar a vergonha e procurar entender a que ela se refere pode ser um caminho para cada um entrar em contato consigo mesmo e perceber o seu próprio funcionamento.

Não é fácil e muito menos confortável receber nossas vergonhas para compreendê-las melhor. A vergonha é um sentimento doloroso, que queremos esconder, mas que se rebela e se estampa no rosto, no tremor, na gagueira. Ela nos impacta e provoca reações intensas. Sua força nos faz procurar fugir daquilo tudo e nem olhar para trás. Portanto, só dá para entrar em contato com nossas vergonhas aos poucos: é preciso, primeiro, testar o terreno e perceber suas formas disfarçadas para, gradualmente, poder entender o que de fato se passa. Só assim é possível diminuir o impacto de sua marca para conseguir enfrentá-la.

Por que será que a pinta no rosto incomoda tanto? O que significa falar com sotaque? Certamente, o grande problema não é a pinta em si nem o sotaque, mas pode ser que a pessoa se sinta muito diferente dos outros, tema ser mal avaliada por isso e acredite que tem menos valor por causa da diferença. As fantasias a respeito de um atributo desse tipo podem ser diversificadas. A pessoa pode achar que aquela característica causa pena ou repugnância nos outros e não gostar de ser alvo desses sentimentos; pode até ser que uma pinta assuma um significado moral: sou indecente e isso está gravado no meu rosto. Apesar de não termos como fazer nada quanto àquela mancha – a não ser removê-la, quando existe essa opção – ou quanto ao sotaque que destaca um passado que não se pode apagar, as ideias e as crenças associadas a esses fatos podem ser questionadas e elaboradas. É possível rever os pensamentos.

A dor associada à vergonha torna delicado lidar com ela. Um movimento mais brusco, uma falta de tato, e o envergonhado já enterra sua vergonha ainda mais fundo ou a esconde atrás de uma máscara mais rígida. É preciso delicadeza para se aproximar daquilo que envergonha e que dói – delicadeza para ajudar a pessoa a se abrir e se expor, devagar, em seu próprio ritmo, sentindo a temperatura dos sentimentos despertados até conseguir criar coragem de mostrar um pouco mais. Ser brusco faz fechar, guardar, esconder mais fundo. Trate de sua vergonha ou da vergonha do seu próximo com delicadeza, seja gentil, tenha calma.

Se, por um lado, a vergonha limita, por outro ela protege. Ela avisa que estamos chegando a algum limite, seja ele moral ou de exposição, e funciona como um alerta contra o perigo. Ela aponta para nossos valores e nossos ideais, para tudo aquilo que consideramos bom e que valorizamos. A vergonha está sempre por perto, guardando nossas fronteiras e podendo nos guiar na direção de novos caminhos. Vamos aproveitar a sua presença, entrar em contato com seus conteúdos e seus limites, viver nossa vergonha. Essa é uma boa forma de nos conhecermos melhor.

Referências

AGAMBEN, G. **O que resta de Auschwitz**: o arquivo e a testemunha. Tradução de Selvino J. Assmann. São Paulo: Boitempo, 2008.

BENEDICT, R. **O crisântemo e a espada**. Tradução de César Tozzi. São Paulo: Perspectiva, 2011.

BENGHOZI, P. **Malhagem, filiação e afiliação**: psicanálise dos vínculos: casal, família, grupo, instituição e campo social. Tradução de Eunice Dutra Galery. São Paulo: Vetor, 2010.

BILENKY, M. K. Vergonha: sofrimento e dignidade. **Ide**, São Paulo, v. 37, n. 58, p. 133-145, jul. 2014.

CICCONE, A.; FERRANT, A. **Honte, culpabilité et traumatisme**. Paris: Dunod, 2009.

DAMÁSIO, A. **O mistério da consciência**. Tradução de Laura Teixeira Motta. São Paulo: Companhia das Letras, 2000.

DARWIN, C. **A expressão das emoções no homem e nos animais**. Tradução de Leon de Souza Lobo Garcia. São Paulo: Companhia das Letras, 2009.

DERRIDA, J. **O animal que logo sou**. Tradução de Fábio Landa. São Paulo: Unesp, 2002.

DOSTOIÉVSKI, F. **Crime e castigo**. Tradução de Paulo Bezerra. São Paulo: Editora 34, 2001.

ELIAS, N. **O processo civilizador**. Tradução de Ruy Jungmann. Rio de Janeiro: Zahar, 1994, v. 1.

FAIRBAIRN, W. R. D. Endopsychic structure considered in terms of object-relationships. **The International Journal of Psychoanalysis**, Hoboken, v. 25, p. 70-92, 1944.

FREUD, S. **Estudos sobre a histeria**. Tradução de Jayme Salomão. Rio de Janeiro: Imago, 1976a. (Edição standard brasileira das obras psicológicas completas de Sigmund Freud, v. 2).

_____. **A interpretação dos sonhos**. Tradução de Jayme Salomão. Rio de Janeiro: Imago, 1976b. (Edição standard brasileira das obras psicológicas completas de Sigmund Freud, v. 4).

_____. Três ensaios sobre a teoria da sexualidade. Tradução de Jayme Salomão. In: _____. **Um caso de histeria, Três ensaios sobre a sexualidade e outros trabalhos**. Rio de janeiro: Imago, 1976c. (Edição standard brasileira das obras psicológicas completas de Sigmund Freud, v. 7).

GREEN, A. Énigmes de la culpabilité, mystére de la honte. **Revue Française de Psychanalyse**, Paris, v. 67, p. 1657-1742, 2003.

_____. **Narcisismo de vida, narcisismo de morte**. Tradução de Claudia Berliner. São Paulo: Escuta, 1988.

JANIN, C. Por uma teoria psicanalítica da vergonha: vergonha originária, vergonha das origens, origens da vergonha. **Revista de Psicanálise da SPPA**, Porto Alegre, v. 13, n. 3, p. 469-526, 2006.

KANT, I. **Começo conjectural da história humana**. Tradução de Edmilson Menezes. São Paulo: Unesp, 2010.

LA SCALA, M.; MUNARI, F. Construir a vergonha. **Revista de Psicanálise da SPPA**, Porto Alegre, v. 13, n. 3, p. 567-585, 2006.

LA TAILLE, Y. **Vergonha, a ferida moral**. Petrópolis: Vozes, 2002.

LADAME, F.; ZILKHA, N. Sob o olhar do outro: notas sobre a vergonha na adolescência. **Revista de Psicanálise da SPPA**, Porto Alegre, v. 13, n. 3, p. 545-554, 2006.

LAURIANO, V. **Vergonha, raízes e frutos**. 2010. 103 f. Monografia (Trabalho de Conclusão de Curso) – Sociedade Brasileira de Psicologia Analítica, São Paulo, 2010.

LEWIS, M. **Shame**: the exposed self. New York: The Free Press, 1995.

MOLLON, P. The inherent shame of sexuality. In: PAJACZKOWSKA, C.; WARD, I. (Ed.). **Shame and sexuality**: psychoanalysis and visual culture. New York: Routledge, 2008. p. 23-34.

MORRISON, A. Vergonha: um grande instigador de segredos. **Revista de Psicanálise da SPPA**, Porto Alegre, v. 13, n. 3, p. 421-437, 2006.

ORIGEM DA PALAVRA. Disponível em: <http://origemdapalavra.com.br/site/>. Acesso em: 25 fev. 2016.

PACHECO-FERREIRA, F. Algumas questões sobre a angústia e sua relação com a vergonha. In: VERZTMAN, J. et al. (Org.). **Sofrimentos narcísicos**. Rio de Janeiro: Cia. de Freud, UFRJ; Brasília, DF: CAPES PRODOC, 2012. p. 165-183.

REFERÊNCIAS

PAJACZKOWSKA, C. The Garden of Eden: sex, shame and knowledge. In: PAJACZKOWSKA, C.; WARD, I. (Ed.). **Shame and sexuality**: psychoanalysis and visual culture. New York: Routledge, 2008. p. 129-141.

PAJACZKOWSKA, C.; WARD, I. (Ed.). **Shame and sexuality**: psychoanalysis and visual culture. New York: Routledge, 2008.

SCELFO, J. Suicide on campus and the pressure of perfection. **The New York Times**. New York, 7 jul. 2015.

SCHNEIER, F.; WELKOWITZ, L. **The hidden face of shyness**. New York: Avon Books, 1996.

VENTURI, C.; VERZTMAN, J. Interseções da vergonha na cultura, na subjetividade e na clínica atual. In: VERZTMAN, J. et al. (Org.). **Sofrimentos narcísicos**. Rio de Janeiro: Cia. de Freud, UFRJ; Brasília: CAPES PRODOC, 2012, p. 119-145.

VERZTMAN, J. et al. (Org.). **Sofrimentos narcísicos**. Rio de Janeiro: Cia. de Freud, UFRJ; Brasília, DF: CAPES PRODOC, 2012.

WURMSER, L. **The mask of shame**. Maryland: The Johns Hopkins University Press, 1981.

YORKE, C. B. A psychoanalytic approach to the understanding of shame. In: PAJACZKOWSKA, C.; WARD, I. (Ed.). **Shame and sexuality**: psychoanalysis and visual culture. New York: Routledge, 2008. p. 35-52.

ZYGOURIS, R. **Ah! As belas lições!** Tradução de Caterina Koltai. São Paulo: Escuta, 1995.

Filmes recomendados

Labirinto de mentiras
Direção: Giulio Ricciarelli (Alemanha, 2014)

O filme se passa em 1958, em Frankfurt, na Alemanha. É a história de um jovem procurador que investiga casos relacionados à Segunda Guerra Mundial, encerrada em 1945. O filme mostra o silêncio em que a Alemanha mergulhou em relação aos crimes cometidos pelos nazistas durante a guerra. A vergonha de terem cometido tais atrocidades e o envolvimento de grande parte da população contribuíram para a criação desse panorama. É um exemplo pungente de como a vergonha pode levar uma nação a encobrir o seu papel nos eventos de tal modo que a geração seguinte não imagina o que aconteceu. O encobrimento é tão eficaz que um filho não faz ideia do que seu próprio pai fez durante aquele período.

A agenda
Direção: Laurent Cantet (França, 2001)

Envergonhado, Vincent não conta à família que está desempregado. Por não conseguir expor aos seus entes queridos o fato de não corresponder ao ideal que imagina esperarem que ele personifique, simula viagens de negócios. Todas as manhãs, ele sai para "trabalhar", mas, na verdade, fica perambulando pela cidade. É um bom retrato de como a vergonha se relaciona com os ideais da cultura. O filme mostra a prevalência de ideais de alto desempenho no mundo contemporâneo e sua contrapartida, o intenso sentimento de insuficiência que surge quando não se atinge esse ideal.

Pergunte ao pó
Direção: Robert Towne (EUA, 2005)

O filme, baseado em livro homônimo de John Fante, se passa em Los Angeles, nos anos 1930, durante o período da Depressão Americana. É um exemplo de como a vergonha atua com intensidade, impedindo as pessoas de se mostrarem como são, levando-as a criar disfarces e armaduras. Bandini e Camilla apaixonam-se à primeira vista, mas disfarçam a paixão um pelo outro. Ambos são vítimas do preconceito que circula na sociedade contra os estrangeiros, sofrem com sua exclusão e acabam por sucumbir aos ideais que os cercam: envergonham-se de sua origem e sua condição. Em virtude da dificuldade de lidarem com seus limites, motivada principalmente pela vergonha de não corresponderem ao ideal vigente, adiam tanto a possibilidade de ficarem juntos e assumirem suas próprias verdades que perdem a oportunidade de viver sua paixão.

O leitor
Direção: Stephen Daldry (EUA/Alemanha, 2008)

O filme mostra o envolvimento amoroso do adolescente Michael Berg com uma mulher madura, Hanna Schmitz, até que esta desaparece. Anos mais tarde, Berg é estudante de direito e acompanha um julgamento sobre crimes de guerra nazistas. Neste contexto, ele revê Hanna, acusada de ter provocado um incêndio numa igreja que matou trezentas prisioneiras em 1944. A principal prova contra Hanna consiste num relatório que fora feito após o crime. Ela nega ter participação tanto no incêndio quanto na escrita do relatório. Porém, quando o juiz pede que ela escreva para comparar a grafia das letras, Hanna se nega e se declara culpada. É a partir deste desfecho que Michael rememora o passado, lembra-se das horas de leitura que dedicava a Hanna e, finalmente, percebe que ela não sabia ler ou escrever. Hanna prefere ir para a prisão a revelar sua ignorância. A vergonha de expor seu analfabetismo causa mais dor do que a pena propriamente dita.

Livros recomendados

O xará
Jhumpa Lahiri (Tradução de Rafael Mantovani, Globo, 2014)

O livro conta a história de um menino nascido nos Estados Unidos, filho de pais indianos. Na Índia, as crianças recebem um "nome bom", que é o nome oficial, mas são chamadas, em casa, por outro nome, um apelido. Em virtude do extravio da carta da avó materna, que revelaria aos pais o "nome bom" do seu primeiro filho, o pai lhe dá apressadamente o nome Gógol, em homenagem ao escritor russo, o preferido do pai, ligado a momentos muito significativos da vida deste. Criado pelas tradições indianas dos pais, Gógol vive num constante conflito entre a realidade da escola e do meio cultural americano e a cultura indiana, que tem uma presença forte e marcante em sua casa. Ao chegar à adolescência, Gógol experimenta um grande sofrimento em relação a seu nome: nem americano e nem indiano. Sente muita vergonha e revolta por ter que carregar esse nome, até que decide mudá-lo, numa tentativa de construir uma identidade própria. A vergonha e o sofrimento afastam-no de suas origens e o impedem de entrar em contato com questões fundamentais de sua existência.

A amiga genial
Elena Ferrante (Tradução de Maurício Santana Dias, Globo, 2015)

O livro relata a amizade de infância de duas meninas, Elena e Lina. Sua leitura é muito pertinente ao nosso tema, pois mostra como Elena elege sua amiga Lina como ideal e precisa dela para poder usar suas próprias capacidades. Durante toda a infância e a adolescência, Elena projeta a inteligência na amiga e sente que seu próprio brilhantismo só ganha vida quando refletido por Lina. Com o decorrer da vida, Elena pode iniciar sua separação da amiga e, lentamente, percebe que pode viver por sua própria conta, brilhar a partir de si mesma, sem precisar pegar emprestada a luz da amiga.

O tenente Gustl
Arthur Schnitzler (Tradução de Marcelo Backes, Record, 2012)

É um exemplo do funcionamento da vergonha e da honra como sentimentos reguladores da conduta moral nas culturas da vergonha. O livro narra, em primeira pessoa, todos os pensamentos de um tenente de 25 anos após ter sofrido um desagravo ao qual não conseguiu reagir. Nesse tipo de cultura, o suicídio é a saída para a perda da honra. Pode-se acompanhar, durante uma noite, todo o desespero e a luta de Gustl, que oscila entre matar-se e manter a honra ou evitar esse desfecho cruel.

A marca humana
Philip Roth (Tradução de Paulo Henriques Britto, Companhia das Letras, 2002)

Professor universitário de carreira brilhante, aos 70 anos, é acusado de racismo. Considerado branco e judeu, Coleman Silk trava uma batalha com a universidade, perde toda a credibilidade e é execrado pela comunidade local que sempre o apoiou. É somente ao final do livro que percebemos a verdadeira origem do protagonista, escondida de todos desde que tinha vinte anos e que o obrigou a deixar de lado toda uma história para viver como o personagem que ele mesmo criou. A verdade duramente escondida se faz revelar no episódio que o condenou. É um relato contundente a respeito do ser humano e de sua relação com sua história e sua verdade pessoais.

GRÁFICA PAYM
Tel. [11] 4392-3344
paym@graficapaym.com.br